KB066818

반려동물을 잃은
반려인을 위한
안내서

# 반려동물을 잃은
# 반려인을 위한
# 안내서

## The pet Loss Companion

켄 돌란-델 베치오·낸시 색스턴-로페즈 지음 | 이지애 옮김

슬퍼하고 있는 모두에게,
당신의 마음의 고통이
길지 않기를 바라며,
당신을 영원히 사랑하는

- KDDV


모든 비밀을 공유했던 절친한
친구이자 내 사랑이었던 어린
시절의 모든 개들에게

- NSL

# 차례

반려동물은 가족입니다. 우리에게 무엇보다 중요하죠. 우리는 그들을 헌신적으로 돌보고 대화하고 사랑하며 그들을 떠나보낼 때 상심합니다. 저는 평생을 이런 방식으로 반려동물들과 가족처럼 살아왔습니다.

유년 시절 살았던 뉴욕 시 북부 지역에는 또래 아이들이 거의 없었지만, 친구가 부족했던 적은 한 번도 없었습니다. 우리 집 개들과 하이킹하거나 뛰면서 시간을 보냈고, 지치면 잔디에 누워 하늘을 바라보곤 했죠. 아직도 그 기억들을 소중히 간직하며, 유난히 까다로운 치료 회기가 계속될 때나 명상을 할 때 눈을 감고 그 순간을 떠올리곤 합니다.

부모님과 조부모님도 개들에게 친절하셨는데, 그중 몇 마리를 사냥 파트너로 소중히 대했습니다. 눈 오는 겨울이면 집으로 들여 주방의 난로가에서 몸을 녹일 수 있게 해주었죠. 하지만 어른들은 저녁식사에 올라온 닭요리 외에는 동물들에게 결코 사랑이란 단어를 쓰지 않았습니다.

반면 저는 우리 집에 있는 모든 개들을 사랑했습니다. 그 시절 남동생과 함께 개를 아홉 마리 길렀는데, 그들이 죽었을 땐 사랑하는 누군가가 죽었을 때만큼 아팠습니다. 하지만 열한 살 무렵 어느 오후 우리 집의 현실과는 다른 것이었습니다. 학교 버스에서 내리면서 절친한 친구 스키피(갈색과 흰색을 띈 비글)가 차에 치이는 것을 무기력하게 목격해야 했죠. 그러고는 정신을 잃은 채 집으로 달려가서는 할아버지를 거의 쓰러트릴 뻔했습니다. 울먹이며 무슨 일이 일어났는지 말씀드리자 할아버지는 "오, 이런 낸시야, 다른 개를 사주면 되지 않겠니!"라고 말씀하셨습니다. 할아버지의 말에 충격을 받아 몸을 웅크린 채 숨 쉬기도 어려울 정도로 울어버렸죠. 슬픔은 혼자만의 것이었습니다.

그 일을 계기로 펫로스 상담에 관심을 갖게 되었습니다. 그 여정은 뉴저지에서 만든 첫 번째 펫로스 지지 단체에서 시작됩니다. 당시 메디슨에 위치한 성 허버트의 바람개비(동물 복지 교육 기관) 회장이자 현 미국동물학대방지협회 회장인 에드 세이레스가 그 출발점을 제공했죠. 에드를 통해 종파 초월적 성직자 캐롤린 카펜터를 알게 됐고, 제가 성인이 된 후 처음으로 기른 개였던 태쉬가 1989년 4월에 죽은 후 운명처럼 1990년 4월 3일 성 허버트에서 첫 번째 펫로스 모임을 시작했습니다. 이 모임은 지금까지 계속되고 있지요.

캐롤린이 2001년 콜로라도로 이사했을 때, 저는 친구 켄 돌란-델 베치오를 그녀 대신 초대했습니다. 켄은 뉴저지 모리스타운에서 상담사로 일할 때 알게 되었죠. 저와 같은 응급실에 배치된 켄은 주로 정신병 환자 병동에 있었는데, 응급실 환자가 입원하면서 우연히 마주치게 되었습니다. 우리는 내원하는 환자, 환자 가족들과 어울려 근무 시간 짬짬이 이야기를 나누었죠.

새로 들인 퍼그와 왕관 앵무새 그리고 고양이가 그 당시 반려동물이었을 켄의 여러 동물들 소식을 각자 가족들 소식과 나누며 친해졌습니다. 외동딸 엘리사가 열두 살이 되어 켄의 외동아들 에릭보다 육 개월 더 빠르다는 둥 가족들 이야기도 빼먹지 않았지만, 우리를 친구로 만든 건 동물이었죠.

펫로스 지원은 우리 둘 모두에게 열정적인 관심사였지만 상담사로서 생계유지는 되지 못했습니다. 저는 정신보

건 관리상담 회사에서 파트너로 일하면서 심리상담사로서 여러 인생 문제를 겪는 개인들과 가족들을 도왔습니다.

켄은 다국적 기업에서 건강·보건 분야 부회장으로 있었는데, 그는 팀을 이끌며 정신보건을 지원하고 리더십 스킬을 증진하는 프로그램과 서비스를 수행하는 한편 학회와 지역 단체에서 가까운 파트너의 폭력 및 다양성 긍정하기에 대해 강연도 하고 있었습니다.

켄이 이 책을 같이 쓰자고 요청했을 때 무척 기뻤습니다. 그는 가족 치료 교재를 공동집필한 적이 있고 커플들의 관계 치료를 돕기 위해 그 자신의 경험을 책으로 쓰기도 했죠. 켄은 『반려동물을 잃은 반려인을 위한 안내서』의 원고를 보여주며 "우리 책은 분량이 짧고(슬픔에 빠진 분들은 집중하기가 어려울 수 있으니), 읽기 쉽고, 개인적이며 실질적인 조언들이 많았으면 좋겠어요."라고 제안하더군요.

원고를 읽고 나서 저는 "정말 멋진 책이에요. 독자들에게 필요한 것들이 다 망라되어 있는 건 물론, 단순하고 개인적 분위기로 표현됐네요."라고 말해주었습니다. 그때부터 우리는 본격적으로 내용을 다듬었습니다. 제 생각과 경험을 추가하는 작업에도 착수했는데, 책의 분량을 불필요하게 늘리지 않도록 주의했습니다.

그 결과물이 바로 여러분이 손에 들고 있는 이 책입니다. 대부분은 켄의 목소리로, 저의 생각과 조언이 조화롭게 어울려 여러분에게 다가갈 거라 생각합니다. 펫로스를 겪은 분들을 지지하며, 함께한 우리 경험들을 공유하고자 해요. 이 책이 여러분의 치유에 도움이 되기를 간절히 기원합니다.

낸시 색스턴-로페즈

# 고유한 상실

우리가 이 책을 펼치게 한 상실은 사랑, 삶, 그리고 우리의 가장 중요한 관계에 대한 가르침과 많은 연관이 있습니다. 우리가 배운 것은 아마도 떠나보낸 반려동물이 남긴 가장 의미심장한 선물들 중에 있겠지요. 여러분이 이 정신으로 상심을 유지하길 바랍니다.

반려동물을 떠나보낼 때, 우리는 어떤 것과도 비교할 수 없는 관계를 잃습니다. 슬프게도, 그들을 잃는 것은 반려동물의 수명이 우리들보다 훨씬 짧음을 의미하죠. 우리는 그 사실을 받아들여야만 합니다. 매일 아침 잠자리에서 일어날 때, 매일 저녁 집에 돌아올 때, 첫 번째로 반겨주던 가족을 잃은 거예요. 아무것도 감출 게 없었던 한 친구를 잃은 것일 수 있죠. 그들은 우리의 가장 숨겨진 욕망을 들었고, 우리의 최고·최악의 순간을 보았으며, 그 모든 시간 내내 우리를 사랑했습니다. 가까이에서 우리의 인생 여정을 공유했던 한 영혼을 상실한 것으로, 가장 의미 있는 관계들 중 하나를 상실한 거죠.

그 여파로 우리는 자주 극심한 모순에 직면합니다. 가족들과 친구들은 종종 우리 친구의 죽음에 신경 쓰지 말라고 이야기합니다. "동물일 뿐이잖아", "그냥 한 마리 더 사지 그래?" 우리 대다수가 자식을 사랑하듯 그들을 사랑했다는 사실에도 불구하고 사람들은 그렇게 말하죠.

우리는 그들이 필요한 모든 것을 제공하는데, 종종 부모와 자식 사이에만 존재하는 친밀한 신체적 보살핌을 필요로 합니다. 그들은 완전한 헌신으로 보답하죠. 친절함은 더 큰 친절함으로 되돌아옵니다. 사랑 공식의 고유한 방정식이에요. 우리가 반려동물로부터 받는 헌신은 결코 냉소주의, 조종, 불성실 같은 인간적 결점으로 우리를 괴롭히지 않는다는 점에서 그 고유함은 더욱 각별해집니다.

그들의 무조건적인 사랑은 한결같습니다. 이 특별한 사랑에 더해, 그들은 세상 어디에서도 찾을 수 없는 선물을 줍니다. 주의를 기울여보면, 그들은 우리가 다른 어떤 인간보다 더욱 효율적으로 현재를 살 수 있게끔 한다는 걸 알 수 있습니다.

# 1
## 사랑과 상심(傷心)의 순환

귀중한 관계를 잃고 느끼는 슬픔을 다른 이들의 충고에 따라 억누르는 대신, 그 감정을 소중히 간직하고 신뢰하며 어려운 시간을 헤쳐 나가길 바랍니다. 온전히 받아들여 치료의 길을 밝히고, 인생에서 가장 중요한 점들을 배울 수 있기 때문이죠.

30년이 넘도록 우리는 개, 고양이, 토끼, 새, 말, 물고기를 떠나보낸 분들을 위한 집단 상담을 이끌어 왔습니다. 우리는 사랑과 상심의 사례들을 들어왔죠. 각 사례는, 인간이 된다는 것의 의미를 이해하고 삶과 우리가 소중히 여기는 관계의 진가를 깊게 하는 데 도움이 되었습니다.

25년 전, 신입 상담사였을 때 한 현명한 여성이 말했어요. 우리는 불가피하게 사랑을 상심과 함께 겪어야 한다고 말이죠. 모든 관계에는 끝이 있기 때문이라고요. 그녀는 또 사랑은 언제나 그 가치를 증명한다고 말하기도 했습니다. 우리는 반려동물을 잃은 사람들이 그처럼 말하는 것을 셀 수 없이 많이 들었습니다.

반려동물은 자기들만의 방식으로 우리의 관심을 끌곤 합니다. 얼마 전 저는 아내, 그리고 두 명의 절친한 친구와 함께 휴가를 떠났어요. 아일랜드의 항구 도시 코브에 정박 중인 유람선을 향해 한가로이 걸어가고 있었죠.

우리는 노랑, 분홍, 초록의 집들이 경사진 곳에 줄지어 서 있는 모습과 회색의 석조 대성당, 바로 앞의 강물이 하늘의 비를 머금은 파란색을 비추며 항구부터 수평선까지 구불구불한 둘레를 가득 채우는 모습에 감탄하고 있었습니다.

이 낯선 이국의 풍경과 소리는 우리를 사로잡았죠. 갑자기 조그맣고 하얀 솜털이 주위의 모든 것을 밀치며 깡충깡충 뛰어다니는 게 눈에 들어왔습니다. 열 발자국쯤 앞에서 한 젊은 아일랜드 남자의 스코틀랜드산(産) 소형 흰 테리어 한 마리가 "얌전히 앉아!"라는 명령에 신나게 뛰어 오르고 있었던 거죠. 사람들은 미소를 지으며 십주된 강아지를 차례차례 피해주었어요. 사람들 대부분이 잠시 멈춰서 지켜보지 않을 수 없었죠.

그 젊은 남자는 활짝 미소 지으며 강아지에게 거리 예

절을 가르치는 중이었다고 말해줬습니다. 모두가 강아지를 쓰다듬었고, 친구 데이빗은 강아지를 들어 올려 안아주고는 얼굴을 맞대며, "에구, 이 귀여운 것 같으니!"라고까지 했어요. 아주 홀딱 반한 것 같았죠.

솜털이 깡충대던 그 순간 우리를 사로잡은 건 무엇이었을까요? 저는 반려동물의 절대적인 순수함에 모두가 끌렸던 거라고 생각해요. 반려동물은 가식, 허영 혹은 자기기만이 없는 진실한 자신을 있는 그대로 드러내는 존재죠. 몸무게가 이 킬로그램도 나가지 않는 장모 치와와인 우리 이사벨이 뛰어오르고, 깽깽거리고, 또 매번 퇴근하고 돌아오면 반기며 곱슬곱슬 꼬리를 흔드는 모습에서, 그 진심을 의심할 사람은 아무도 없을 거예요. 다른 반려동물과 마찬가지로, 이사벨은 이 세상의 것이 아닌 정직함을 내뿜죠.

우리의 반려동물들은 들판, 야외, 숲, 강의 세상과 우리를 연결하는 다리로, 많은 이들이 치유된다고 느끼는 방식으로 우리를 자연으로 데려다줍니다.

스코틀랜드산 화이트테리어, 특이한 믹스종 고양이, 미니 렉스 토끼, 잉꼬와 삶을 풍부하게 하는 그 밖의 다른 반려동물들과의 관계에서 우리가 누리는 기쁨은 인간 대

인간의 유대에서는 불가능한 종류의 것이에요. 반려동물과의 관계를 통해 우리는, 더욱 관대하고 열정적이며 마음을 열고 돌보는 것은 물론 더욱 이성적이 되는 법을 배웁니다.

제가 여섯 살이 되었을 무렵 우리 가족은 로드아일랜드 코번트리로 이사를 갔어요. 새로운 옆집 이웃이 된 거버 씨 네에는 저와 동갑이자 곧 단짝이 될 피트 그리고 그의 큰형 존이 있었죠. 부모님이 개를 들이려 하지 않으신 반면 (두 형들과 내가 이 년 동안 조른 후에야 결국 허락하셨죠) 거버 씨 네는 반려동물 천국이었습니다.

동물 가족 중에는 작고 세심한 성격의 회색과 흰색이 섞인 고양이 피피, 덩치가 산만한 얼룩무늬 고양이 톰, 털이 길고 삼십 킬로그램이 넘는, 붉은 갈색과 검정이 섞인 종잡을 수 없는 개 지크가 있었습니다. 1966년이 바로 어제인 것처럼 그들을 기억해요. 세 마리 모두에게 끌렸지만 그래도 어린 소년의 마음을 사로잡은 건 지크였죠. 지크는 관심을 받고 싶으면 쉴 새 없이 피트와 저를 건드렸는데, 주로 우리가 그와 함께 있을 때였어요.

지크는 막대기나 공, 원반 따위를 물고 오는 게임이라면 언제나 환영이었고, 낚시하는 날은 지크의 '주인 앞에서 온몸 흔들기, 눅눅한 개 냄새'가 빠지지 않았습니다. 지크의 검은 면벨벳 입마개가 넓은 리트리버의 얼굴을 뒤덮고, 옅은 검은 색의 현명한 눈은 우리를 자신의 새끼라고 여기는 듯했습니다.

개를 묶어야 하는 조례와 중성화가 없던 그 시절 지크는 주기적으로 이삼 일씩 없어지곤 했는데, 돌아올 땐 온통 축축해져서 연못의 거름을 털에 장식처럼 단 채였습니다. 우리는 지크가 동네의 제일 큰 수역이자 한창 낚시를 즐기던 존슨의 연못을 수영해서 건넜으리라 짐작했죠. 저는 아직도 이 친구가 없어졌을 때 모두가 가졌던 '만약에'와 관련해 미스터리한 느낌이 있어요. 사실 지크는 지령을 받은 비밀 스파이로 피트 가족인 양 위장하고 있던 게 아닐까? 지금은 물론, 저 방랑하는 바람둥이 친구가 여자 친구를 만나러 순회 중이었다는 생각이 들긴 하지만 말이죠.

피트와 제가 일곱 살이 되었을 때 지크는 영원히 없어져 버렸습니다. 아직도 지크를 두 번 다시 보거나 만질 수 없다는 걸 깨달았을 때 엄습했던 고통을 느낄 수 있어요. 제가 형들과 함께 작별 편지를 읽은 후 피트의 어머니가 두 아들을 앞세워 동네 아이스크림 가게에 갔던 일을 그

려봅니다. 집으로 돌아오는 길에 우리는 친구 지크의 삶을 축복하고 그를 기억하기 위한 일화들과 함께 그의 죽음을 기렸어요. 우리 모두는 더 많이 울었고 아이스크림은 줄줄 흘러내렸죠.

지크는 지금도 내 마음에 살아있습니다. 그는 소년 시절 내 간청으로 가족이 되었다가 대학에 가서 집을 떠난 사이 죽은 개 셰기와 함께 있습니다. 내 첫 번째 토끼 핑키, 그리고 삶을 공유했던 다른 많은 친구들도 그곳에 있죠.

그들 모두가 제게 기쁨을 줬고 사랑의 본질을 가르쳐줬으며 상심의 여정이라는 고통을 남겼습니다. 하지만 이 상실들이 가져온 슬픔 때문에 내 삶을 이 영혼들과 공유했던 걸 후회해본 적은 없어요. 한 현명한 여성이 오래 전에 장담했던 것처럼, 사랑은 언제나 가치를 증명하니까요.

자, 그럼 우리의 사랑과 상심, 발견의 여행을 시작해보죠. 이 책은 상심의 본질에 관한 단순한 진실을 밝히고, 상심을 겪는 동안 여러분 자신을 보살피는 최선의 방법에 대해 조언합니다. 이어지는 각 장들은 가족, 친구, 동료들의 받아들이기 힘든 반응을 견디는 방법, 사람들의 상심 방식이 다양하다는 사실 이해하기, 안락사를 결정할 때 동반하는 감정의 탐험, 반려동물을 어떻게 할지, 다른 반려동물을 입양할지, 한다면 시기는 언제일지, 정신보건 전문가와 상담하는 게 맞는지를 결정할 때와 상심하는 자녀를 도울 때 유익할 것입니다.

상심으로 길게 집중하는 데 한계가 있음을 감안해서 최소한의 분량에 많은 정보를 담기 위해 노력했습니다.

각 장 마지막에는 여러분이 가장 중요한 점을 유의하는 데 도움이 되고자 요점이 요약되어 있고, 휴대하기 편한 책의 사이즈 역시 준비된 지원의 일환입니다.

실제 사례들은 이해를 얻는 데 도움이 되기 때문에 계속해서 많은 사례들을 만나게 될 것입니다. 우리는 펫로스 지원 단체에 참여했던 분들, 친구들, 가족들 및 우리의 사례들을 공유하고자 합니다. 개인정보보호를 위해 세부 내용은 변경했고 경우에 따라 한 건 이상의 사례를 조합해서 구성했습니다. 우리가 이 사례들을 소개하는 이유는 각 사례들이 상심의 여행, 불가피한 상실에도 불구하고 지속되는 사랑의 가치, 우리 삶에서 차지하는 반려동물의 공간이 중요한 무언가를 가르치기 때문입니다.

마지막으로 설명할 사항은 가족 상담이라는 저의 직업과 연관이 있습니다. 여러분은 우리가 상심을 가족, 친구, 직장 및 공동체와의 관계에 대한 영향이라는 관점에서 본다는 걸 알게 될 것입니다. 만약 최근에 반려동물을 떠나보냈다면, 이 장의 처음을 다시 읽어보시길 권합니다.

깊은 슬픔은 헤어진 친구에 대한 자신의 사랑 강도를 반영한다는 걸 유의하세요. 여러분의 친구는 커다란 사랑을 받으며 풍요롭게 살았답니다.

당장은 의미가 없을 수 있는 일말의 우려와 함께 다음의 제언을 드리며, 미래의 한 시점에 있는 여러분을 상상해보시기 바랍니다. 지금부터 얼마간이 지난 그 순간, 그토록 완전한 사랑이 인생이 줄 수 있는 가장 특별한 선물이었음을 알게 될 것입니다.

여러분 자신을 친절하게 대해보세요. 이 힘든 시간에 여러분이 특별한 보살핌을 받을 자격이 있음을 기억하고, 스스로에게 그에 합당한 대접을 하세요.

## 2
# 이렇게 아픈 게 정상인 걸까?

많은 분들이 상심에 따른 고통이 정상적이고 건강한 정도를 넘어서는 게 아닌지 걱정합니다. 기본적으로 씻고, 밥 먹고, 밖에 나가는 등의 일상생활을 며칠 동안 계속해서 할 수 없는 경우가 아니라면, 여러분의 상심은 매우 정상임을 확신합니다. 불행히도 그러나, 정상적인 상심이라 할지라도 여러분의 모든 것이 무너져 내리는 듯한 기분이 들게 할 수 있죠. 이 장에서는 '정상적인 상심'을 주제로 몇 가지 사례를 소개하고자 합니다.

### 충격, 무감각, 건망증

상심은 종종 감각과 사고력을 왜곡하는 무감각에서 시작합니다.

2001년 9월 11일 아침 저는 펜실베이니아 드레셔에 위치한 회사의 가장 큰 지사 한 곳을 방문했습니다. 행동

및 조직 건강과 연관된 몇 개의 프로그램을 맡고 있었는데, 스트레스 상황에서 직원을 다루는 기술과 관련한 기업 관리자 학회 세미나를 주최할 계획이었죠. 당시 우리는 그 일련의 기술이 얼마나 중요하게 될지 전혀 알지 못했습니다.

드레셔에 도착하자, 학회 진행자들이 대강당 옆 강의실에 함께 있자고 하더군요. TV에서 세계무역센터가 무너지는 속보가 나온 것은 바로 그때였습니다. 의논 후 팔십 명 정도 되는 참석자들에게 속보를 알리기로 했고, 잠시 후 저는 마이크를 들고 발생한 참극을 알릴 준비를 했습니다. 속보로 이미 수차례 처참하게 무너지는 건물의 영상을 봤으면서도, 저는 사람들에게 "두 센터 모두 심하게 손상되어 불이 난 상태입니다."라고 말했을 뿐이었습니다. 그 말을 한 직후, '왜 센터가 무너졌다고 하지 않은 거야? 무너지는 걸 봤으면서도 무너졌다고 하지 못했어. 너는 붕괴 장면을 봤지만 믿지 못한 거야.'라고 생각했던 것이 기억납니다.

사고와 인지가 보통 때처럼 기능하지 못하고 분리된 것 같은 느낌이 들었죠. 평상시 사람들 앞에서 발표하는 느낌이 아닌, 사람들에게 발표하는 내 자신을 지켜보는 듯한 느낌이었습니다. 이런 식의 변화는 또 다른 슬픔을 동반하죠.

반려동물이 여러분의 품에서 마지막 숨을 들이쉴 때, 가장 좋아하는 쿠션 위에서 생명력 없이 늘어져 있는 걸 발견했을 때, 시간은 슬로우 모션으로 흐릅니다. 몸이 갑자기 믿을 수 없을 정도로 무겁게 느껴지고, 사고와 움직임이 생각과 달리 이상하게 돌아가는 것처럼 느껴지죠. 많은 분들이 자동조종장치 상태에 있는 것 같이 느꼈다고 말합니다.

후에, 그들은 무슨 일이 있었는지 전혀 기억하지 못 할 수도 있습니다. 한 여성이 모임에서 말하기를 "거실에서 죽은 고양이가 발견했을 때 제가 고양이를 빗질하고 병원에 데려가려 집에서 가장 좋은 수건으로 감쌌다고 어머니가 말씀하셨는데, 저는 전혀 기억이 안 나요. 어제 그 수건을 찾으니까 제가 병원에 놓고 왔다고 하시더라고요. 제가 죽은 고양이를 어떻게 단장했는지 말씀해주셨을 땐 너무 놀라서 아무런 말도 나오지 않더군요."라고 했죠.

반려동물 상실이 처음 닥쳐왔을 때 믿을 수 없음과 단절감이 여러분을 무감각하게 만들 수 있는데, 그 이후로도 가끔은 무감각 상태에 빠지게 될 것입니다.

## 감정의 무질서한 혼재

상심은 절망, 분노, 죄책감, 가끔은 행복까지 뒤죽박죽 섞인 여러 감정들을 불러일으킬 수 있고, 이 감정들은 특별한 이유 없이 생겼다가 사라집니다. 감정의 롤러코스터를 타면서 어느 날 혹은 어느 순간, 눈이 튀어나올 정도로 울다가 스스로에게 혹은 수의사에게 분노하고, 또 다음 순간엔 돌연히 튀어나온 추억에 웃음을 터트리곤 하는 자신을 발견할 것입니다. 부모님들은 어린 자녀가 눈물을 글썽이며 "피도가 보고 싶어!"라고 하다가도 다시 웃으며 놀이에 열중하는 모습에 어리둥절해 하죠. 모든 연령층의 사람들이 상심을 겪는 동안 갑작스런 기분의 전환을 겪는 거예요. 이러한 정서적 만화경을 헤쳐 나가는 건 많은 이로 하여금 자신의 정신 상태를 의심하게 만듭니다.

휴식은 이 기이한 감정적 혼란을 완화해주는데, 극도로 불편해지고 때때로 두려움을 느끼는 건 정상적인 상심 증상입니다. 여러분의 정신이 이상해진 것이죠.

## 수면과 섭식을 포함한 기초적 신체 기능 문제

지나친 수면이나 수면 부족이 있을 수 있지만, 억지로 침대에서 일어나 옷을 차려 입고 출근 준비를 하죠. 열 시간을 죽은 듯이 자고 나서도 전혀 잠을 잔 것 같지 않거나, 밤새 한숨도 못 자고 뒤척이다 일어나는 경우도 있습니다. 여느 때와 다름없는 식욕을 느끼다가도 과식을 하고, 또 전혀 식욕이 없기도 하죠. 다른 스트레스 상황에서 여러분에게 일어나는 증상으로 해를 입히기도 하는데, 어떤 경우에는 더 잦아진 두통, 복통이나 요통으로 나타날 수도 있습니다.

### 기억과 주의력 감퇴

많은 이들이 명확한 사고, 주의, 기억 기능이 저하된다고 느낍니다. 같은 질문을 반복해서 하게 될 수도 있고요. 대답이 주어졌을 때 최대한 집중해서 듣지만, 내용은 아무것도 기억이 나지 않기도 합니다. 이러한 기억력 감퇴는 장보기부터 직장에서까지 모든 문제를 복잡하게 할 수 있습니다.

### 죄책감

질문을 반복하는 건, 집중할 수가 없거나 기억력이 저하되어서가 아니라 죄책감의 홍수와 엄습하는 사후 비판에서 벗어나기가 어렵기 때문입니다.

"왜 탈수증세가 있다는 걸 몰랐을까."

"그렇게 오랫동안 집을 떠나 있는 게 아니었어."

"수의사 진단만 믿고 있을 게 아니라 좀 더 일찍 다른 전문가에게 맡겼더라면 살 수 있었을지도 몰라."

낸시와 저는 모든 펫로스 모임에서 이런 이야기를 들어요. 어떤 영웅적 조치를 취했다 하더라도, 상심은 여전히 최선을 다했는지 의문을 품게 합니다. 관절염을 앓고 있는 독일 셰퍼드의 수영 트레드밀 치료를 위해 여러 달 동안 일주일에 두 번씩 삼십 킬로미터를 운전한 반려인, 만성 신장염이 있는 고양이를 위해 평생 특식을 만든 반려인, 노령의 토끼를 위해 동물 척추 지압사를 두고 안마를 받게 한 반려인이 있습니다. 이들 모두 울먹이며 더 못해 준 것을 후회하죠. 죄책감이 상심의 주요한 특성은 아니지만, 그렇다 해도 결코 여러분만이 그런 건 아니라는 사실을 알아야 합니다.

## 새로운 상실이 이전의 기억을 일깨울 때

반려동물의 죽음을 포함해 모든 중요한 상실을 겪은 후, 많은 이들이 이전에 겪은 상실을 떠올립니다. 오 년 전에 릴리가 죽었을 때, 수십 년 전 돌아가신 아버지와 할

아버지, 옛날 반려동물들의 죽음을 되씹는 제 모습을 발견할 수 있었죠. 과거의 상실들을 기억하는 게 고통을 더하게 하지는 않았어요. 오히려 릴리의 생애와 죽음을 내가 아는 모든 사랑 관계의 풍경 안에 자리하게 하는 데 도움이 되었죠.

지나간 반려동물의 상실이 계속해서 여러분의 머릿속을 떠나지 않는다면, 긍정적인 관점을 유지하도록 노력해야 해요. 기억할 것은, 상심은 결국 여러분을 낮게 한다는 거예요. 상심을 겪으면서 경험하는 것들에 가능하면 긍정적인 이해를 모색하여 치유를 도울 수 있게 됩니다.


### 떠나보낸 반려동물의 불가사의한 방문

많은 이들이 떠나간 반려동물 친구들을 보고, 냄새 맡고, 감촉을 느낍니다. 복서 종의 개 패치스가 입에서 놓지 않았던 장난감에 대한 한 가족의 이야기는 잊지 못할 사례입니다.

패치스는 미니어처 축구공을 어찌나 놓지 않았던지 마치 공이 그의 일부인 것 같았어요. 그는 가족과 손님들에게 쉬지 않고 꼬리를 흔들고 공을 보여주며 맞이했지만 한 번도 공을 포기하지는 않았죠. 장난감은 결국 마당에서 사라져 잊히고 말았습니다.

패치스가 죽고 얼마 지나지 않은 어느 오후, 열두 살, 열세 살 난 두 아이들이 주방 식탁에서 숙제를 하고 있었을 때의 일입니다. 뒷문에서 익숙한 긁는 소리와 낑낑거리는 소리에 두 아이들은 깜짝 놀랐죠. 문을 열어 보니 오래 전에 잃어버린 축축하고 더러운 축구공이 현관 계단에 놓여 있었습니다.

패치스의 보호자는 모임에게 말하길, "약 이 미터 높이의 말뚝 울타리가 뒷마당을 둘러싸고 있고, 안에서 현관문은 잠겨 있어요. 그런데 몇 달 동안이나 안 보이던 이 진흙투성이 장난감이 우리 집 계단 한 가운데에 놓여 있었단 말이죠. 가장 분명하고 불가사의한 대답 외에 다른 것은 생각할 수 없었어요. 아이들은 이것이 패치스가 잘 있다는 표시라고 생각하고 저희도 그렇게 믿고 있어요."

이런 종류의 방문은 정기적으로 발생하고, 이 사례들은 우리가 배워왔던 가능성의 한계를 뛰어넘습니다. 우리는 이것들을 기적 같은 사랑의 힘의 증거라고 간주하죠.

### 단계의 비일관성 예상하기
위의 모든 예들이 정상적인 상심에 해당하지만, 질서정

연한 방식으로 진행되는 경우는 거의 없습니다. 지난 이틀 동안은 슬픈 기분에 빠져 있었지만, 전날 몇 시간씩 몰아치던 눈물바다 정도는 아니었죠. 〈Somewhere over the Rainbow〉나 그 비슷한 분위기의 노래가 흐르는 식료품 마트에 들어가자 갑자기 눈물이 쏟아져 나오고 모든 것을 망쳐버렸다고 느낍니다. 그런 순간에는 한 걸음 전진, 두 걸음 후진, 세 걸음 전진, 한 걸음 후진 식으로 상심을 겪어 나간다는 걸 생각하세요. 도움이 될 것입니다.

나중에 가서는 좀 더 오랫동안 침착한 통찰이 가능해지고 상실이 아닌 다른 문제들에 좀 더 집중할 수 있는 힘을 얻게 되지만, 그 여행은 기이한 것일 수 있지요.

우리 대부분에게 그것은 A지점에서 B지점으로의 평범한 순차적 과정은 아닙니다. 마치 콜로라도 강을 비닐 보트를 타고 내려오는 것처럼 급작스럽거나, 오래된 우울 속에서 갈피를 잡지 못하는 것 같을 거예요. 평온해지는 단계에서도 마찬가지죠.

우리는 모임 참가자들에게 상심은 이벤트가 아님을 상기시킵니다. 처음에는 일부를 잃은 것처럼 생각되고 영혼에 블랙홀이 생긴 것 같이 느껴지지만, 결국 그 공허함은 긍정적인 기억들로 채워지게 마련입니다. 상심은 많은 시간이 걸리기 때문에, 이 글을 읽으면서 이런 확신이 별로 의미 없이 느껴질 수도 있을 것입니다.

## 상심은 시간이 걸린다

상심은 시간이 걸리고 그 차이는 다양합니다. 많은 이들이 일 년 후에는 상심의 짐을 덜 느끼게 되죠. 계절의 변화, 주요 휴일들, 중요한 가족 기념일 및 다른 연간 행사를 겪으며 친구 없는 이 세상을 경험 하는 게 상실을 받아들이는 데 있어 많은 도움이 됩니다.

어떤 상심은 반려동물이 죽고 일 년이 지나서도 남아 있는 반면, 어떤 상심은 단 몇 주 혹은 몇 달 만에 사라져 버립니다.

일전에 대부분의 미국인들이 사랑하는 이와의 사별 후 슬픈 감정을 삼주 또는 더 길게 계속해서 표현하는 사람은 뭔가 잘못된 사람이라고 생각한다는 연구 결과를 읽은 적이 있습니다. 그 연구는 많은 이들이 상실과 상심에 대해 얼마나 잘못 알고 있는지 보여줍니다. 불행히도, 주류 문화는 죽음과 임종에 대한 합리적인 접근을 피하고 있어, 우리들 대부분은 이 불가피한 삶의 한 면을 다루는 데 있어 무방비 상태에 있다고 할 수 있겠습니다.

## 상심은 우리를 변화 시킨다

상심을 겪고 나면 더욱 강하게 성장한다는 걸 알았으면 합니다. 상심은 상실 이전에 있었던 곳과는 전혀 다른 새로운 장소로 여러분을 데려다 줄 거예요. 회복력, 융통성, 안목이 키워지는 건 물론, 어떤 이들은 상심이 감사하는 능력을 증가시켰다고 말해요. 또 많은 이들이 삶의 복합성에 대한 그들의 이해가 늘었다고 말합니다. 상심은 우리를 현명함으로 이끕니다.

## 핵심
## 정리

### 1.

정상적인 상심으로 정신 상태에 대한 의심이 들 수 있어요. 하지만 씻기, 밥 먹기, 옷 입기, 외출하기 등 기본적인 일상생활을 며칠 동안 계속해서 할 수 없는 경우가 아니라면 상심은 매우 정상입니다.

### 2.

정상적인 상심은 자주 수면, 식욕, 에너지, 주의, 기억 및 집중력을 방해합니다.

### 3.

상심은 충격, 절망, 분노, 혼란, 수용, 통찰 및 기쁨 등의 감정이 급작스럽게 바뀌는 상태로 이끌 수 있어요. 대부분의 사람들은 꾸준한 개선 없이 어떤 때는 나아졌다가 어떤 때는 악화됐다고 느낍니다.

### 4.

상심에 빠져 있는 기간은 모두 제각각입니다.

# 3
# 사람에 따라 아파하는 방식은 다르다

　사랑하는 이를 잃은 사람의 수만큼 아파하는 방식도 많을 것입니다. 반려동물이 죽고 나서 단지 서너 번 정도 눈물을 흘렸다고 상상해보죠. 울 필요를 못 느끼긴 했지만, 잊히지 않는 사진처럼 그 생명 없는 모습이 해마다 몇 번이고 머리로 잠식해 올 때 같은 질문을 반복합니다. 떠난 그 아이는 내가 얼마나 사랑하는지 알았을까? 내가 진심으로 그 사랑을 표현했던 걸까? 그 아이의 행복을 위해 최선을 다했던 걸까? 여러분은 많은 시간 침통한 마음 상태에 빠져 있게 됩니다.

　반면, 반려동물의 죽음을 같이 발견하고 붉어진 얼굴로 흐느끼다가 생전 처음 보는 모습으로 괴로워하며 이십 분이 넘게 울부짖더니, 갑자기 뚝 멈춘 여러분의 배우자는 그 이후 눈물 한 방울 흘리지 않고 전혀 아무렇지도 않아 보입니다.

여러분이나 여러분의 배우자 어느 쪽도 더 옳다거나 건강하다, 정상이다, 현명하다, 효과적이다 라고 할 수 없습니다. 서로가 다를 뿐이죠. 기억해야 할 가장 중요한 점은, 다양한 상심의 방식은 정상이고 건강하다는 것입니다.

다른 말을 하는 누군가의 이야기는 들을 필요가 없습니다. 여러분도 마찬가지입니다. 그러니 만일 여러분의 상심 방식이 기준에 맞는지 의문이 든다면 다음의 좀 더 건강한 질문으로 대체하면 됩니다. 이 힘든 시간에 나 자신을 어떻게 하면 더 잘 돌볼 수 있을까? 이 중요한 질문과 대답을 계속 이어나가 보도록 하죠.

상심의 방식이 다양한 이유는 우리 모두가 각기 다른 삶의 경험과 기질을 갖고 있기 때문입니다. 이것은 우리의 상심 방식을 포함해 모든 행동방식을 결정하죠.

이 사실을 받아들이면, 차이에 직면할 때 느끼는 어려움이 줄어듭니다. 속상해 하는 대신, 열린 마음과 정신으로 주의를 기울이면 되죠. 열린 자세로 다양한 상심 방식에 접근하는 것은, 여러분 자신과 여러분의 삶을 공유하는 이들에 대해 중요한 걸 배우게 해줍니다.

상심 방식에 영향을 주는 삶의 경험에는, 성별, 문화, 상실과 상심의 역사, 떠나간 친구들과의 관계, 죽음 당시

의 상황, 다른 이들로부터 받은 지지, 상실 당시 겪고 있
던 스트레스와의 균형 및 죽음에 대한 영성과 신념 등이
있습니다.

### 성별

지난 수십 년 동안 보편적으로 신봉하던 성별 간 원칙
의 힘이 약해졌고, 남성과 여성 모두가 더 완전한 인간이
되도록 발전했음에도 불구하고, 상심의 유형 문제에 대해
서 여전히 성별을 완전히 무시하지는 못합니다. 대부분의
여성은 남성보다 쉽게 생각과 감정을 소통하죠.

'다 큰 남자는 울지 않아.'라는 구태의연함이 여전히
많은 이들을 붙잡고 있는 결과, 여성은 상심을 좀 더 자유
롭게 표현하는 반면 남성은 자제하는 방식으로 표현합니
다. 물론 이것이 모든 여성과 남성에게 해당되지는 않지
만 그 유형은 여전히 남아 있죠.

### 문화

민족성은 상심을 포함해 우리가 세계를 이해하고 교감
하는 방식을 결정합니다. 제 가족 중 이탈리아 혈통은 깊
은 슬픔과 상심에 동반하는 분노의 순간을 포함한 대부분

감정에 개방적 표현을 즐겨하는 반면, 영국과 스웨덴 혈통은 좀 더 절제된 표현을 선호하는 편입니다. 저는 보통 북유럽 혈통의 성향을 보이는데, 감정을 아무렇게나 표현하는 것보다는 충분히 생각하는 걸(몇몇 상담사 친구들은 '주지화'라고 말하곤 합니다) 좋아하죠. 여러분의 민족성, 혹은 경우에 따라서는 민족성의 총집합 역시 상심의 방식에 영향을 미칠 수 있는 것이죠.

## 상실과 상심의 역사

각각의 상실이 고유한 어려움을 발생시킨다면, 과거의 상실과 상심의 경험은 우리의 반응에 영향을 미칩니다. 한 번도 반려동물이나 가족, 친한 친구를 잃어본 적 없는 사람들은, 반려동물의 죽음으로 인한 괴로움에 전혀 준비가 되어 있지 않을 것입니다.

가족의 죽음을 경험해보지 않았다 해도 해고나 연인과의 결별, 소중한 친구와의 절교 등 중요한 것을 잃어본 경험이 있다면, 상실 후 느꼈던 감정을 기억해 현재의 상실과 비슷하다고 여겨지는 감정적 기복의 기준틀을 제공해 현재의 상실을 좀 더 쉽게 다룰 수 있을 것입니다.

어떤 분들은 여러 마리의 반려동물을 포함한 가족들의

상실을 겪어서 상심을 다룰 준비가 되어 있다고 생각하기도 합니다. 그들은 시간이 지남에 따라 어떻게 고통이 줄어들었는지 상기시키죠. 그러나 많은 상실을 경험한 분들도 현재 상심의 현저한 심각함에 깜짝 놀랄 수 있습니다. 상심에는 어느 정도 예견 가능한 유형이 동반되지만, 각 상실은 고유한 감정을 발생시키죠.

새로운 상실들은 종종 과거의 기억들을 상기시키고 이러한 재생은 어려움을 입증하는데, 폭력에 의한 반려동물이나 가족의 죽음처럼 유달리 트라우마가 심했던 상실을 통감할 때 현재의 상심을 더욱 복잡하게 할 수 있는 것입니다.

## 떠나보낸 반려동물과의 관계

떠나보낸 우리 치와와 릴리는 저에게 깊은 정동(情動)을 불러 일으켰습니다. 몸무게 약 일 킬로그램의, 개 중에서도 아주 작은 편인 릴리는 길고 가는 황금색 털과 그에 걸맞은 최고의 친절한 마음을 갖고 있었습니다. 안아주는 것을 특히 좋아했죠.

주위 사람들을 따라다니고 빙글빙글 돌며, 누군가 인사하려고 몸을 숙이기라도 하면 "나랑 놀아줘." 하고 웅크리기 자세를 취했지만, 많은 소형견들처럼 릴리 역시 아이들이 있을 때는 조심했죠. 아이들이 릴리의 작은 몸을 부주의하게 다룰까봐 두려워하는 듯이 보여도 실은 현명한 대처였지요.

릴리가 가족으로 우리 집에 왔을 때 여덟 살이었던 아들 에릭은 릴리의 경계심을 이해하고 활달한 성격의 사촌 잭보다 릴리를 더 좋아했습니다. 에릭과 잭, 릴리는 단짝 친구가 됐고, 에릭은 언제나 릴리를 친절하게 대했지만 릴리는 거리를 유지하는 편이었죠.

릴리의 죽음으로 에릭은 슬퍼하면서도 "릴리는 나한테 다정하게 대한 적이 없어서 릴리하고 친하다고 생각해 본 적이 없어."라고 말한 적이 있습니다. 릴리의 죽음으로 내 마음이 찢어졌던 반면, 에릭은 그 관계의 성격이 달랐던 이유로 충격이 덜 했던 거죠. 비슷하게, 여러분도 가족들 간에 반려동물과의 관계 정도가 달랐다면 상심도 다를 수밖에 없는 것입니다.

얼마나 많은 반려동물들이 있었고 모두를 얼마나 사랑했던 간에, 한두 마리 정도는 유별나게 마음에 남습니다. 반려동물이나 여러분 자신의 성격상 특별히 더 잘 맞을 수가 있는 거죠. 또 유달리 다사다난했던 때를 함께 지내며 특별한 유대가 자라날 수도 있습니다.

낸시는 첫 번째 퍼그 태쉬를 특별히 더 사랑했습니다. 일곱 번의 이사, 이혼, 여러 번의 새로운 취업 기회 및 재혼을 태쉬와 함께 겪었죠. 태쉬가 떠나간 후 낸시는 며칠 동안이나 침대에서 일어날 수 없었습니다. 낸시는 태쉬가 언제나 그녀의 퍼스트레이디일 거라고 말했죠.

우리는 반려동물이 투병하는 동안 매우 특별한 보살핌을 수행한 사람들에게 정기적으로 강의를 해왔어요. 그들은 배변 때나 보행 능력을 잃어서 걷기 운동이 필요한 때 언제라도 개를 밖으로 데리고 나갔고, 잘 낫지 않는 상처의 붕대를 하루에도 몇 번이나 갈아줬으며, 신부전 치료를 위해 반려동물의 피부조직 아래로 매일 체액을 주입했습니다.

이러한 친밀한 돌봄은 놀랄만한 친교를 형성하는 한편 여러분이 경험하는 상심을 심화시키기도 합니다.


## 반려동물 죽음 당시의 상황

반려동물이 죽음을 맞이할 때의 상황은 상심을 결정하는 데 중요한 요인이 될 수 있습니다. 거의 모든 성실한 반려인들이 어느 정도 죄책감에 시달립니다. "나는 그것

(어떤 인간이라도 알아차릴 수 없는 신호나 증상)을 알아채고 좀 더 일찍 병원에 데려갔었어야 했어."

일부 보호자들은 반려동물들이 죽을 때 여행 중이었거나 자던 도중, 또는 직장에 있었기 때문에 자신을 용서하는 데 힘들어 합니다. 어떤 이들은 현재 발생한 트라우마는 직면할 수 있지만, 기도가 막혀서 죽는 등의 사고로 반려동물을 잃는 운명을 바꾸지는 못합니다.

연속되는 사고들의 저편에는 보호자가 반려동물의 죽음에 일조하거나 직접적 원인이 되는 경우가 있습니다. 여름날 차 안에 있다가 질식한 개, 좁은 공간에서 길을 찾다가 쥐약을 먹은 고양이, 친칠라나 기니피그의 우리에 침입했다가 포식자에게 당하고 만 페럿, 보호자의 잠깐의 부주의로 목줄이 느슨해져 돌진하는 차량으로 뛰어든 개 등의 경우 말이죠.

반려동물의 죽음 당시 상황이 어땠던 간에, 인간은 한계가 있는 존재라는 사실을 스스로에게 상기시킬 필요가 있습니다. 우리가 적시적소(適時適所)의 상황에 대비해 미래를 예언할 수는 없는 일이고, 친구를 위험한 장소에 있게 한 운명의 일격을 모두 방어할 수도 없을뿐더러, 우리 모두는 정기적으로 실수를 범하기 때문입니다. 마지막으로, 우리는 사랑하는 친구들에게 결코 고의적으로 해를 입히지 않는다는 사실을 상기시킬 필요가 있습니다.

## 다른 이들로부터 받는 지지

스트레스가 많은 시간에는 다른 이들의 도움만한 것이 없습니다. 상심이 가장 적절한 예죠. 다른 이들의 돌봄이 상심의 짐을 덜어 줍니다.

다음 사례들이 보여주듯이, 지지는 정신적 충격을 치료 가능한 상처로 남길지 깊은 트라우마로 남길지 그 차이를 만들어 냅니다.

이십대 초반의 샘과 그의 약혼녀 질은 네 살짜리 시베리안 허스키 트러츠키의 참혹한 죽음 이후 펫로스 치료에 참가하게 되었습니다. 이 커플과 함께 저녁 조깅을 하던 트러츠키는 근접하는 통근 열차 쪽으로 획 잡아당겨지면서 목줄이 벗겨지고 말았죠. 두 사람은 트러츠키가 열차에 치이는 모습을 무기력하게 지켜볼 수밖에 없었습니다. 샘과 질은 트러츠키의 사체를 인수받은 후 친구를 불렀고, 차를 몰고 달려온 그와 함께 트러츠키를 한 나무 아래에 묻었습니다. 그 나무는 트러츠키가 영역 표시를 즐겨했던 나무였죠.

샘과 질이 트러츠키의 남은 유해의 끔찍한 세부묘사와 함께 사례를 들려준 후, 참가자들은 이들이 친구의 죽음이라는 공포에 직면해 발휘한 힘을 언급했습니다. 샘과 질은 고개를 끄덕였고 양손은 서로 꽉 잡은 채였죠. 그들은 이 경험 덕분에 힘을 모아 서로를 돕는 능력을 습득했다고 눈물을 흘리며 말했습니다.

서로를 향한 지지와 모임에서 받은 확인의 힘은 실로 엄청난 것이었습니다. 아주 대단한 지지를 받은 건 아니지만, 그들만이 외롭게 상실을 직면했다면 상심은 훨씬 힘들게 진행되었을 게 분명하죠.

펫로스 모임은 농축된 분량의 사회적 지지를 제공합니다. 펫로스를 겪는 다른 사람들을 만나 서로의 이야기를 들으며 상처를 공유하는 것은 마음의 치유를 크게 도와주죠.

### 삶의 스트레스 간 균형

반려동물을 상실하는 것만으로 충분히 힘든데 실직, 집수리, 연로하신 부모님의 병원 입원과 같은 또 다른 개인적 어려움을 겪는다면, 여러분은 훨씬 힘든 상황에 직면하게 될 것입니다.

반면, 별다른 힘든 일이 없을 경우 펫로스를 치유하는 일이 더욱 힘을 얻어 건강이 좋아지고 정기적인 운동, 균형 잡힌 식사와 함께 주어진 업무에도 만족할 것입니다.

### 죽음과 영성에 대한 믿음

특정 종교에 속해 있거나 심화된 개인적 영성으로의 접근, 또는 무신론자에 관계없이 영성은 상심 방식을 결정합니다. 사후 세계를 믿는 사람들은 먼저 떠난 반려동물들과 죽어서 재회하리라는 희망 속에서 위안을 찾습니다. 한편 많은 사람들이 동물은 영혼이 없고 천국도 갈 수 없다고 가르치는 종교 때문에 고민합니다.

어떤 이들은 반려동물이 떠나간 후 즉각적으로 그 영혼을 가까이에서 느끼기도 합니다. 그들의 영성은 죽음이 영혼에게 차원을 소개하는 것입니다. 그 차원은 우리와 동떨어져 있지 않아요.

### 기질

우리 삶의 모든 경험이 모여서 성격 유형이라고 불리는 기질을 결정합니다. 반대로, 기질은 펫로스를 포함해 우리들이 사건을 이해하고 반응하는 방식에 영향을 주어 생애 경험을 하게 합니다. 적어도 두 마리의 개와 고양이를 늘 기르던 집의 한 젊은이와 이야기를 나눈 적이 있습니다.

"우리 집에서 반려동물들은 항상 사랑받고 귀족처럼 대접 받았어요. 아이들이 죽었을 때 우리 집 뒷마당의 바위 정원에서 장례식을 치렀죠. 부모님은 아직도 제가 자랐던 그 집에서 사세요. 그 정원에는 반려동물들의 무덤을 표시하는 스물다섯 개의 바위들이 있죠. 부모님은 죽음을 삶의 일부로 생각하셨어요. 모든 반려동물의 죽음을 언제나 차분하게 받아들이셨지요. 저도 죽음에 관해서는 같은 기질을 갖고 있는 것 같아요. 슬픈 건 분명하지만 크게 비명을 지를 정도는 아니에요. 저는 침착하게, 삶의 한 부분으로 죽음을 차분히 받아들이는 편이에요."

생애 경험에 따라 기질은 상당히 달라집니다. 몸가짐이나 태도가 크고 요란한 편인 사람들은 위에 언급된 조용하고 사려 깊은 매너를 선호하는 젊은이와는 다른 모습을 보이겠죠.

외향적인 사람들은 다른 사람들로부터 에너지와 위안을 얻습니다. 상세한 삶과 상실을 방금 알게 된 사람들하고도 공유하고 즐길 수 있죠. 내향적인 사람들은 다른 사람들과 있으면 에너지가 소진되기에 사생활을 보호받고 싶어 하며 고독 속에서 위안을 찾습니다. 그들은 대부분의 상심을 홀로 겪습니다.

감정의 언어를 사랑하는 사람들은 마음속에서 일어나는 바를 편하게 전달하는 반면, 감정을 표현하기 어려워하는 사람들은 마음속의 일들을 토로하는 걸 선뜻 내켜 하지 않습니다. 이런 분들은 상심을 겪는 동안 대화보다 사려 깊은 친구가 말없이 곁에 있어 주는 게 편할 수 있겠죠.

걱정과 후회를 많이 하고, "이랬어야 했는데"의 눈으로 세상만사를 바라보는 사람들은 사후 비판을 잘 하지 않는 사람들에 비해 더 힘들게 상심을 겪어 나갑니다.

어떤 사람들은 말하는 것보다 글쓰기, 조깅, 샌드백 두드리기, 춤추기, 악기 연주, 사진 찍기, 콜라주, 그림 혹은 조각을 선호하는데, 아마도 활동으로 상심을 치유하는 듯합니다.

마지막으로, 이런 기질에 정확히 일치하는 사람은 아무도 없다는 것을 유의해야 합니다. 대신 상황에 따라 몇 가지는 일치하죠. 내가 아는 어떤 남성들은 상심에 개방적이고, 그들의 형과 아버지와 있을 때는 최상의 기분을 유지하지만, 그 외에는 항상 과묵해요.

내 경우, 머릿속은 바쁘게 돌아감에도 많은 감정들을 조깅과 근력 운동을 하며 말없이 처리하는 편입니다. 가족이나 신뢰하는 사람들과는 생각과 감정을 공유하고요. 대부분 사람들처럼 나의 기질 역시 장소와 사람, 상황에 따라 달라집니다.

### 솔직하게 차이를 절충하는 것은 커다란 이익이 된다

커플들이 서로의 차이를 주목하고 아무런 판단 없이 반응할 경우, 습득된 정보는 잠재적 갈등을 높아진 친밀감으로 변화시킬 수 있습니다. 가족치료의 내담자였던 조지와 마지 커플은 조지의 말 위저드가 죽고 아주 다르게 펫로스 증후군을 겪었습니다.

이 차이에 대한 그들의 솔직한 토론은 결혼에 새로운 가능성을 열어주었죠. 첫 번째 회기 사 주 전에 조지가 지난 십삼 년 동안 대부분의 시간을 같이 보낸 친구, 스무 살 먹은 말 위저드가 안락사 되었습니다. 위저드의 죽음으로 조지 인생의 가장 즐거운 시기는 끝을 맞이한 것이었죠.

십삼 년 전, 조지는 만족스런 다국적 제약회사의 고문에서 은퇴한 후, 즉시 승마의 꿈으로 뛰어들었습니다. 위저드를 데려와서 함께 뉴저지의 가장 인기 있는 강사한테 훈련을 받았죠. 조지는 거의 모든 시간을 외양간과 승마 행사에 쏟아 부었습니다. 저녁에는 말을 돌보고, 마술(馬術)을 익히고, 승마에 관한 책을 닥치는 대로 손에 넣어 모두 읽었죠.

위저드는 통통한 몸통에 조용한 성격으로 당근과 사과를 달라며 모두의 손에 코를 비벼대곤 했는데, 안장을 얹고 걷는 모습이 너무나도 멋져 조지와 마지는 그보다 더 친한 친구, 더 헌신적인 춤 파트너는 찾을 수 없을 거라고 입을 모으곤 했습니다.

위저드의 죽음으로 파생된 극심한 고통은 부부를 뒤흔들어 놓았고, 사이가 괜찮은 날이 이틀 이상 지속되지 못하는 상황이 계속되었죠. 마지도 조지 못지않게 위저드를 사랑했고 무척이나 그리워했지만, 그 상실이 준 상심의 크기가 조지에 비할 데가 아니라는 게 일주일 만에 밝혀졌습니다.

마지는 슬픔보다는 안도감을 느끼는 자신을 발견했습니다. 그녀는 새롭게 생긴 여가시간 동안 조지와 함께 할 것들을 생각했습니다. 한편으로는 조지가 슬픔에 빠져 침울해 있는 것 외에는 아무것도 하지 않는 것에 화가 나 있었어요. 조지의 상심이 마지를 외롭게 만들었던 거죠.

그녀는 지난 몇 년간의 조지와의 관계를 통찰하기 시작했습니다. 위저드의 죽음은 그가 처음으로 그들의 삶으로 들어왔던 십삼 년 전 그 시간의 기억을 새롭게 일깨웠습니다. 그의 죽음은 보통 상실이 그러하듯이 다른 상실들을 상기시켰고, 마지가 가장 먼저 떠올린 건 조지의 은퇴 후 경험했던 상실이었습니다.

마지는 조지를 수십 년간 내조하며 가정을 꾸려나가고 세 명의 아들을 거의 혼자 키우는 동시에 중역의 아내이자 안주인의 역할을 해왔습니다. 오랫동안 자신의 염원은 제쳐놓은 채 큰 기대를 갖고 조지의 은퇴를 고대했던 거죠. 오랜 시간 그려왔던 순간들, 즉 유럽여행과 다른 주에 살고 있는 손주들과의 좀 더 빈번한 만남이 우선순위에 오리라 꿈꿨던 것입니다.

그러나 정작 그날이 오자 조지는 승마에만 열중했고, 슬프게도 모든 것이 착각이었음을 깨달았습니다. 사실대로 말하자면, 마지는 좋은 친구로만 위저드를 생각한 게 아니라 결혼 생활의 부담으로도 여겼던 것이죠. 이런 과거의 속사정은 마지를 슬프게 만들었습니다.

마지는 자신의 생각과 감정을 조지와 공유하기로 결심

했습니다. 그녀는 조지가 얼마나 낙심했는지 알고 자신
또한 슬펐지만, 한편 다른 감정들도 있음을 솔직하게 전
했죠. 그녀는 조지에게 위저드의 죽음 이후와 위저드가
그들 삶에 막 들어왔던 때, 조지와 좀 더 시간을 보내리라
기대했던 순간 등에 대해 그녀가 통찰한 바를 들려주었
습니다. 마지는 조지에게, 상심으로 그가 멀어져 버린 것
에 화를 내는 게 싫었다고 말했습니다. 그녀는 대화로 상
실을 극복하며 서로 원하는 것들이 일치하는 미래계획을
세우고자 하는 강한 의욕을 느꼈습니다. 조지는 판단이나
반응 없이 신중하게 경청했고 문제 해결을 위해 상담사를
만나자는 마지의 제안에 찬성했죠.

커플과 이야기 하면서, 우리는 서로 다른 상심 스타일
과 상실에 대한 반응만이 아닌, 좀 더 공정히 절충해야 하
는 필요도 인정하게 되었습니다. 마지도 승마를 좋아했지
만, 조지의 외골수적 열성과 비교하면 말은 그녀의 여러
열정들 중 하나에 불과했던 것이죠.

마지의 열정에는 승마뿐만 아니라 유럽여행과 가족들
과의 만남도 있었습니다. 친밀감 형성을 위해서는 조지가
승마 시간을 줄이고, 두 배우자가 흥미로워 하는 열정과
활동을 공유할 수 있게 좀 더 많은 시간이 필요했죠.

반려동물의 죽음에 대한 이 커플의 상이한 반응은 그들을 더 멀어지게 할 수 있었지만, 아무 판단 없이 사려 깊게 그 차이를 접근함으로써 이해와 친밀감 속에서 관계가 깊어질 수 있었습니다.

　우리 각자의 상심 방식은 상이하고 이 차이는 다양한 개인적 경험과 성격 유형으로 연결될 수 있습니다. 자신의 경험과 기질에 대한 고려는, 반려동물 상실 이후 여러분과 여러분의 사랑하는 이들이 겪는 것들에 대한 보다 나은 이해를 선사합니다. 이 탐색은 또한, 부정적 판단을 흘려보내고 차이를 존중하도록 돕습니다.

　마지막으로, 다음 장에서 논의하겠지만 자신의 고유한 상심 유형은 자신을 돌보는 방법에 단서를 제공할 수 있습니다.

1.

여러분과 주위 가까운 사람들은 반려동물의 상실에 각자 다르게 반응할 수 있다는 점을 예상해야 합니다.

2.

유사점과 차이점 모두를 열린 마음으로 접근하는 것이 좋습니다.

# 4
# 어떻게 극복할까?

여러분을 사랑하는 사람들에게 귀 기울이고 어렵게 생각되는 차이에 접근하는 최선의 방법을 존중해야 합니다. 관계에 분열을 일으키는 차이를 만들지 말고 대화로 풀어 나가야 하는 것이죠.

반려동물의 죽음은 여러분을 감정의 소용돌이로 던져 버릴 수 있습니다. 그 폭풍은 거세게 일어났다가 갑자기 사라지기도 합니다. 예측할 수 없죠. 감정이 차분해진 후에는 최악이 지나갔다는 자각이 여러분을 놀라게 할지도 모릅니다.

그것은 릴리가 떠나간 뒤 저에게도 일어났죠. 몇 달이 지난 후 저는 릴리와 아직 살아 있는 치와와 잭이 둘 다 강아지였을 때 찍은 사진들을 우연히 보게 되었습니다. 그 사진들은 칠 년 전 그들이 태어난 뉴욕의 캣스킬 집에서 뉴저지로의 긴 여행을 위해 아기들을 상자에 넣기 직

전에 찍은 것이었습니다. 사진들을 보자 당시 내가 웃고 있던 것이 떠올랐죠. 드디어 릴리와의 웃음꽃 피는 기억을 되새길 수 있었습니다. 슬픔이 빠져나가는 걸 느끼며 눈물이 약간 나왔습니다. 내 인생에 릴리가 있었다는 것에 대한 감사의 눈물이었죠. 내 상심은 그 임무를 다한 것이었습니다.

상심은 현재 견딜 수 없는 사건들을 견딜 만한 과거의 것으로 점차적으로 바꿀 것입니다. 약속해요. 상실은 더욱 친숙하고 견딜 수 있게 되지만, 불행히도 여러분이 수시로 직면하는 것들 중 대부분이 통제 밖에 있습니다.

감정의 물살을 통제하기는 힘들어요. 식욕의 기복을 조절하고 명확함과 혼란의 시기에 질서정연해지는 건 어렵죠. 하지만 자신을 보살피는 데 해야 할 일과 하지 말아야 할 일을 결정해야 하고 그 결정은 고통을 감소시킬 것입니다.

## 친절은 언제나 유익하다

친절은 언제나 좋지만, 이런 때에는 훨씬 더 중요합니다. 우선, 친절이 자신에게 말하게 해야 합니다. 반려동물을 살리거나 더 오래 살게 하기 위해 다른 걸 했어야 했고, 더 잘 했어야 했으며, 무언가 더 했어야 했나 하는 생각이 들 때—이런 후회는 많은 이들을 괴롭힙니다—이런 사고의 질주를 저지해야 합니다.

상심이 비합리적인 사후 비판을 초래한다는 걸 상기하세요. 친구를 위해 여러분이 행한 모든 것을 현실 검증과 함께 다시 시작하세요. 여러분은 반려동물을 사랑했고, 그들에게 좋은 삶을 만들어 주기 위해 모든 것을 했어요. '이랬으면 좋았을 것을'의 비현실적인 넋두리로 스스로를 질책하는 대신 기억해둘 가치가 있는 것들이죠.

만일 갑작스럽게 아무 이유 없이 출근길에 울음을 터트린다면, 당황하는 대신 차를 길옆에 대고 엔진을 끄세요. 마음껏 울며 친구를 사랑했던 감정을 기쁘게 받아들이세요. 진정하고 나면, 감정을 소중히 존중하며 상심을 잘 견뎌낸 자신을 축하해주세요.

어색하고 당황케 하는 행동을 할 때면, 판단하는 대신 친절과 약간의 유머를 곁들여 반응하세요. 낸시와 저는 많은 성인 남녀들로부터 떠나보낸 반려동물의 봉제 인형이나 목줄, 목걸이가 있어야 잠을 잘 잘 수 있다는 고백을 들었습니다.

우리가 얼마나 여러 번 "오리 인형이 있어야지 잘 수

있는 찌질이가 세상에 또 어디 있겠어요?" 같은 질문을 받았는지 모릅니다.

최근 한 여성이 그녀와 그녀의 노쇠한 아버지가 코커 스패니엘의 죽음 뒤 얼마나 가슴 찢어지는 슬픔에 직면했는지 들려주었습니다. 이 주 후 그들은 사촌의 생일 파티에 참석해야 했는데, 그럴 기운도 없어 참석하지 못했죠. 몇 주 후, 그 사촌의 결혼식에 꼭 가고 싶었던 두 사람은 자신들을 보살피기 위해 이 일에 다르게 접근하기로 결정했습니다.

"아빠와 저는 결혼식에 빠지고 싶지 않았지만, 여전히 상심으로 탈진한 느낌이었어요. 저희는 결혼식 하루 전에 필라델피아로 가서 넉넉하게 주말을 보내기로 했죠. 금요일에 도착해서 다음날 여유롭게 결혼식에 참석했는데, 토요일 아침에 뉴저지에서 출발했으면 그렇지 못했을 거예요. 그러고 나서 일요일에 급하게 서두르는 일 없이 집으로 왔죠. 그 여행 동안 정말 저희 자신에게 친절하게 대해 주고 싶었거든요."

여러분의 생각, 감정에 대응하는 성급함, 어색함, 부인 같은 부정적 판단보다는 친절한 행동이 고통을 감소시킬 것입니다.

다른 사람과 함께 있을 때도 자신에게 더 친절하게 해 보세요. 여러분을 향한 일부 발언들은 비록 선의 있는 사람들로부터 나왔다 해도, 성격 테스트 당하는 느낌이 들 수 있습니다.

6장에서 다루겠지만, 사람들이 하는 "새 반려동물을 들이면 슬픈 마음이 없어질 텐데"와 같은 제안은 선의로 한 말일 수도 있습니다. 선의의 해석을 좀 더 넓혀 보는 건 어떨까요. 친절한 조언은 감사하지만 새 반려동물을 맞이하는 건 현재로서는 도움이 되지 않는다는 걸 그들에게 알려주세요. 나중에 논의하겠지만, 사람들이 선의로 말하지 않는 경우도 있습니다. 그런 상황에서는 다른 전략을 활용해야 하죠.

### 상심을 공유할 사람들을 현명하게 선택하라

보통사람들의 경우, 자신을 사랑하고 존중하는 이들과 함께 상심을 겪는 것보다 더 유익한 건 없습니다. 상심을 공유하면 짐이 덜어지고, 여러분을 이해하는 이들과 같이 있는 것만으로 기분이 나아지죠.

하지만 많은 사람들이 반려동물을 우리와 같은 방식으로 생각하지 않기 때문에, 생각과 감정을 공유할 사람을 현명하게 선택할 필요가 있습니다. 우리는 "세상에, 동물한 마리 가지고! 빨리 잊어버려요!"와 같은 말을 듣고 슬픔을 쏟아내는 분들의 이야기를 너무나도 많이 들어왔습니다. 이런 식으로 말하는 건 분명히 잘못된 일이죠. 여러분이 이런 잔인함에 동승하지 않길 바랍니다.

사적인 이야기들은 잘 이해해주던 사람들도 펫로스에 관해서는 예상 못한 무신경함을 보일 수 있는데, 많은 사람들이 동물을 비생물처럼 간주하기 때문입니다. 놀랍게도 반려동물을 키우는 사람들도 종종 그런 모습을 보이곤 합니다.

내 친구의 이웃이 얼마 전에 말하길, 그녀의 다섯 살짜리 고양이가 갑자기 모래 밖에 오줌을 눴다고 해요. "카펫을 엉망으로 해놔서 속상해 죽겠어요." 저는 조언하기를, 그런 행동은 요로감염증 때문일지도 모르니 수의사에게 데려가 보라고 했죠. 몇 주 후, 그 여성과 다시 마주치게 돼서 고양이 안부를 묻자 그녀는, "안락사 시켰어요. 온 집안에 오줌을 싸고 돌아다니더니 금방 해결되었네요."라고 하더군요. 많은 사람들이 반려동물을 살아있는 생명체가 아닌 놀이를 위해 존재하는 장식품 정도로 보는 것이죠.

불행한 일이지만, 상심을 누군가와 나눌 때에는 이 점을 유념해야 합니다. 특히 직장에서 말이죠. 어떤 사람들은 점심이나 휴식시간 동안 진심어린 연민, 위로 카드, 사랑 가득한 음성메시지와 같은 크나큰 지지를 동료로부터 받기도 하지만, 어떤 사람들에게서는 알듯 모를 듯한 은근한 무시부터 노골적인 조롱까지 받을 수 있기 때문입니다. 심지어 상사에게 상실한 반려동물에 관한 상심을 말해 수행평가와 진급에 해가 됐다는 사람들도 있었습니다.

상심을 여러분과 여러분의 반려동물에 대한 감정을 소중히 하는 사람들과 나누는 건 놀랄만한 도움이 되지만, 그런 종류의 지지를 모든 사람으로부터 받으리란 기대는 하지 않는 게 좋습니다. 시험적으로 상심을 보인 후 그 반응을 주의 깊게 판단해 보세요. 믿을 만한 사람들이 근처에 있을 때까지 기다리는 게 더 좋을 수도 있지만요. 또 기억해야 할 건, 어떤 이들은 시간제한적인 지지만을 보인다는 점입니다. 일이 주 후에는 배려가 감소할 테지만 여러분은 필요한 기간만큼 상심할 권리가 있습니다.

앞서 언급한 대로, 펫로스 모임에 참가하는 게 도움이 될 수 있습니다. 비슷한 경험을 공유하는 이들과 함께 하는 건, 지지에 있어 독특한 기회가 되고 서로에게 확인과 조언을 제공하여 참가자들에게 좋게 작용할 것입니다.

능숙한 진행자는 대화를 매끄럽게 만들죠. 곧 모두에게 유익하게 하여 깊이 있는 토론이 마련됩니다. 인터넷 검색을 통해서, 또는 수의사가 여러분에게 가장 잘 맞는 분을 추천해줄 것입니다. 이 책의 마지막 장에서 펫로스 모임에서 기대할 수 있는 토론의 사례를 제시할 거예요.

## 온라인 상의 지지

많은 분들이 소셜미디어 친구들로부터 큰 지지를 받죠. 내 동료 한 명은, 페이스북에 강아지 사망 소식을 올렸더니 진심 가득한 위로 메시지들이 넘치도록 올라왔다고 귀띔해 줬습니다. 세 명 모두 온라인의 쏟아지는 지지를 큰 위안의 자원으로 기억합니다.

## 기본적 건강을 유의하라

상심은 여타의 스트레스 유형처럼, 많은 것을 빼앗아 갑니다. 그렇기 때문에 가능한 한 건강을 유지하기 위해 할 수 있는 모든 것을 하여 상심의 스트레스를 균형 있게 해야 하죠. 잘 먹고, 휴식을 충분히 취하며, 장기간 스트레스가 될 수 있는 원천은 피해야 해요.

상심은 최선의 노력에 손상을 가할 수 있는데, 저하된 활력과 감소한 결단력이 심각한 어려움을 초래할 수 있는 것이죠. 많은 이들이 요리를 꺼리고, 패스트푸드나 위안 음식이라 불리는 프렌치프라이, 피자 등 건강을 유지하기에 부족한 음식들을 기본 메뉴로 합니다.

어떤 사람들은 상심으로 식욕과 활력이 매우 떨어져 식사를 거르고, 또 다른 경우는 정반대의 극단으로 치달아 정크 푸드나 지나친 알코올 섭취(경우에 따라 다른 물질 사용도 포함)로 스스로를 위로합니다. 이런 시기에 건강한 식단을 유지하는 건 어려운 일이지만, 그 이익은 매우 가치 있기에 전력을 다해야 하겠습니다.

미리 계획을 세워서 지지를 받을 수 있는 경우엔 수용하는 게 좋습니다. 자발적인 도움이 있다면, 주위 사람들이 쇼핑하고 요리 준비를 돕도록 하고 쇼핑 목록에는 과일, 야채 및 가공하지 않은 음식을 부탁하세요. 상심의 스트레스와 상관없이 잘 먹는 게 좋습니다.

충분한 휴식을 취하는 데에도 비슷한 어려움이 있습니다. 상심은 휴식을 인정사정 없이 파괴하기 때문에, 근육 완화 붕대, 스트레칭, 허브차 등이 수면을 돕는 데 유익할 수 있어요. 상심이 수면 장애를 가져오지만 곧 사라진다는 점을 유의하세요. 물론, 수면이 많이 부족하다면 의료 전문가와 상의하는 것이 좋습니다.

마지막으로, 상심 자체가 주요 스트레스에 해당하기 때문에 다른 스트레스 요소는 최대한 늘리지 않는 게 좋다는 걸 말씀드려요. 지금은 부엌을 리모델링하고 오십 명의 손님을 초대하는 행사를 하거나 직장에서 새로운 업무를 수행할 때가 아닙니다. 시기가 좋아질 때까지 임무와 책임을 줄여야 해요. 한 가지 주의사항을 알려드리자면, 기질은 다양하다는 것입니다. 어떤 경우 스트레스는 건강한 기분전환이 되지만, 어떤 경우엔 새로운 프로젝트가 스트레스를 약화시킬 수 있습니다. 과다한 에너지를 빠져나가게 하기 때문이죠. 자기 인식이 여러분을 안내하도록 해야 합니다.


### 계속해서 움직이기

윈스턴 처칠은 "지옥길을 지나고 있다면 계속 전진하라."라는 말을 남겼죠. 이 말이 더욱 특별한 의미로 다가옵니다. 몸의 모든 근육이 저항하더라도 한발을 다른 발 앞에 내밀고 앞으로 계속 전진해야 합니다. 어떤 아침은 힘들 수 있지만, 잠자리에서 일어나 샤워하고 몸단장을 한 후 하루를 준비하는 일상을 완수하고 나면 기분은 언제나 나아지기 마련이죠.

한번 일어나서 움직이기 시작하면 운동을 하고 싶은 마음이 들 수도 있습니다. 육체적 운동은 행복감과 진정되는 느낌을 촉진하고, 근육의 긴장을 감소시키며, 수면을 개선하고 기분을 밝게 합니다. 어떤 이들에게는 걷기, 조깅, 사이클링이나 근력 운동보다 스트레칭, 요가, 여타 명상적 수행이 기질 상 더 적합할 수 있겠습니다. 활동이나 명상 중 어느 것을 선호하든 비슷한 효과를 볼 수 있죠.

모든 것이 회복력을 촉진하고 상심의 고통을 감소시키지만, 이미 규칙적으로 운동을 하고 있는 게 아니라면 지금이 시작하기에 좋은 시기는 아닙니다.

이 장에서는 여러분이 통제할 수 없는 것들이 너무 많을 경우 유익이 되는 방법들을 제시하는데, 현재 처한 상황에서는 불합리하게 들릴 수 있지만 낸시와 저는 어리석은 소리라고 비판받는 것도 사양하지 않겠습니다. 짧은 산책부터라도 시작해서 몸을 움직이겠다는 결정은 전적으로 여러분에게 달렸습니다. 그 결정으로 인한 유익은 매우 클 것입니다.

## 일상에서의 실험

여러분 삶의 구조를 형성하는 일상은 좋을 수도 나쁠 수도 있습니다.

익숙한 일과표는 확신과 예측 가능성을 제시하죠. 매일 아침 여섯 시에 알람이 울렸다고 가정해 보죠. 샤워를 하고 스크램블 에그, 토스트와 과일로 아침을 먹고 일곱 시 십오 분에 출근하러 문을 나서는 일상을 유지하는 것은, 비록 친구의 상실로 영원히 바뀐 듯한 느낌이지만 그럼에도 삶이 계속되고 있다는 걸 확인해줍니다.

반면, 이 동일한 패턴이 반려동물의 부재를 강조할 수도 있습니다. 알람이 깨운다고 하지만, 실은 개가 얼굴이나 손, 발을 계속해서 핥았기 때문에 웃으며 일어날 수 있었으니까 말이죠.

개는 항상 화장실 문 바로 앞에서 기다리고 있었고 아침을 먹는 동안은 바나나나 치즈 한 조각을 던져주곤 했습니다. 매일 아침 가장 즐거운 활동은, 개에게는 나름의 볼일을 보게 하고 여러분에게는 하루 시작을 위해 신선한 공기를 맛보게 하는 '동네 한 바퀴'였죠.

이런 아침 일상은 구조를 제시하지만 가슴 저미는 기억들을 유발하기도 합니다. 만일 변화를 만들고 싶지 않다면, 슬픔을 일으키는 상실한 반려동물에게 몇 마디 소리 내어 말함으로써 모든 기억을 적극적으로 확인해볼 수 있습니다.

이런 말들을 소리 내어 말하는 건, 슬픔을 표현하고 변화를 인지하며 덜 무거운 마음으로 앞으로 나아갈 수 있도록 돕는 의식(儀式)을 만들어냅니다. 낸시와 저는 의식을 매우 중요하게 간주하는데, 의식은 짧지만 강력한 경험과 의미, 감정을 가다듬는 방식으로 사람들을 돕죠.

일상적인 일과를 긍정하려 노력한 후에는 변화를 시험하고자 할 수도 있습니다. 일과에 '아침 여섯 시(다시 운동 이야기가 나오게 되었다) 헬스클럽 가기'가 있다고 치죠. 좀 더 일찍 일어날 수 있도록 기상 시간을 여섯 시에서 다섯 시 반으로 변경하고 일어나자마자 체육관으로 갑니다. 어떤 이들은 이런 일정 변경이 괴로움을 약화시킨다고 합니다. 반면 어떤 이들은 원래의 패턴을 유지하는 것이 더 좋았다고 하죠. 실험해 봄으로써 무엇이 자신에게 잘 맞는지 알 수 있을 것입니다.

비슷한 종류의 실험은 하루 일과의 많은 면에서 도움이 됩니다. 예를 들어 어떤 이들은 죽은 반려동물의 사료와 물그릇, 침대, 장난감, 사진 같은 물건들을 반려동물이 죽고 난 후 바로 치웁니다. 여러분이 이쪽에 해당된다면, 한 꺼번에 모두 처분하기보다 마음이 변할 때를 생각해서 잠시 보관해 두는 것도 생각해 보길 바랍니다. 나중에 가서 버리게 되더라도 말이죠. 대부분의 동물 보호소에서 기꺼이 기부를 받는다는 것도 유념하시길.

가구를 재배치하는 것도 좋습니다. 많은 이들이 반려동물이 좋아하던 의자를 새로운 장소로 옮기죠. 어떤 남성은 그가 즐겨 앉던 소파에 앉을 때마다 슬퍼했는데, 바로 옆에서 그의 고양이가 웅크려 있곤 했었기 때문이죠. 그는 결국 새 가구를 장만했다고 합니다.

우리는 개나 고양이와 침대에서, 방 안에서 같이 자던 많은 이들이, 사람 크기의 봉제 인형을 사서 그들의 반려동물이 자던 자리에 놓으며 일상을 재창조하는 경우를 많이 목격했습니다. 여러분도 스스로를 실험에 노출시켜 보세요. 추억 가득한 일상의 변경과 유지 모두 상심을 감소시킬 것입니다.

### 직장

반려동물의 죽음을 겪은 후 단기 휴직을 갖는 사람도 있습니다. 쉬면서 상실이라는 현실에 직면하고 애도하는

데 전력을 다할 수 있지요.

그러나 일상의 구조, 활동, 직장에서 근무에 열중하는 것이 처음의 충격이 사라진 이후 마음을 치료하는 데 도움이 되기도 합니다. 매일의 패턴에 따라 마음의 소리에 귀를 기울이고, 옳다고 느끼는 걸 행하는 일은 이치에 맞습니다. 일반적으로 일상의 주요한 활동과 더불어 신속히 직장으로 복귀하는 게 치유에 도움이 될 것입니다.

## 창조성은 도움이 된다

글쓰기, 스크랩북 만들기, 사진 찍기 및 그 외 창조적인 예술 활동은 표현과 통찰, 공유, 생각과 감정을 담는 데 좋습니다. 말하기와는 다른 방식으로 표현할 때, 새로운 관점에서 느껴지는 감정을 경험할 수 있죠.

일부 사람들은 일기나 소설, 시를 쓰고 작곡을 하기도 합니다. 반려동물에게 작별 편지를 쓰는 것은 명확하고 정확하게 고마움을 표현하는 데 도움이 될 수 있습니다.

글을 쓰는 게 어려울 경우 편지 쓰기가 확실한 치료 효과를 발휘하곤 하는데, 언제라도 반복해서 읽고 감정을 잘 묘사하는 말들을 회상할 수 있기 때문이죠. 많은 이들이 특별한 장소에 편지를 보관하곤 합니다.

대부분의 사람들이 창작활동에서 제단이나 성지를 만듭니다. 반려동물의 목걸이와 좋아하는 장난감을 남겨둔 서랍장의 맨 위 칸에서부터 훨씬 치밀한 제작까지, 그 형태는 다양하죠. 한 여성은 치료 모임에서 소개하길, 반려동물의 추억에 바치는 돌 제단을 거실에 세웠다고 하더군요. 자세한 내용은 말하지 않았지만, 그녀가 이 결과물로부터 커다란 위안을 얻고 있는 게 분명합니다.

사진 찍기도 유익합니다. 많은 이들이 죽은 반려동물의 사진을 지니고 있고 일부는 반려동물과 함께한 사진으로 꾸민 앨범이나 스크랩북을 제작하기도 합니다. 사람들은 앨범을 펫로스 모임 시 공유하곤 하는데, 항상 모임의 하이라이트가 되죠.

그림, 소묘 혹은 콜라주를 만들거나 또 다른 방식의 시각 예술을 시도하는 사람들도 있습니다. 떠나간 반려동물에 대한 사랑에서 영감을 받은 도예, 보석, 뜨개질, 태피스트리, 섬유 아트 등의 작품을 본 적이 있는데, 창조적 시도와 그 결과 모두 치유에 일조합니다.

### 달력에 특별한 날 미리 표시하기

기념일, 생일, 휴일이 포함된 특정한 날은 미리 계획하는 게 좋습니다. 처음에는 반려동물이 떠나간 주의 하루처럼 이정표가 되는 날부터 시작하세요. 예를 들어, 월요일에 반려동물을 안락사 시켰기 때문에 앞으로 몇 주 간은 월요일이 되면 힘들 것 같다고 예상될 경우, 여러분의 결정을 존중해주는 가족이나 친구를 월요일 저녁마다 만나는 계획을 세우는 것이죠. 월요일이 표명하는 기념일이 여러분의 기분을 특히 예민해지게 한다는 점을 그들에게 상기시키세요.

특별한 의미를 갖는 날을 위해 간략한 의식을 계획하는 것도 도움이 됩니다. 기질에 따라, 다른 이들을 초대하거나 하지 않을 수 있죠. 앞서 언급한 예시들대로, 월요일 저녁마다 오 분 동안 시간을 내서 떠나간 반려동물로부터 배운 것이나 영원히 기억할 무언가를 큰소리로 말하거나 일기를 써보는 겁니다.

떠나간 이들과 함께하며 느꼈던 기분을 고요히 회상하게 될 거예요. 예를 들어, "사랑하는 사람들과 반려동물이 가끔은 내 인내심을 시험하지만, 그들을 덜 사랑하는게 아니라는 걸 레지가 가르쳐 줬어"라고 쓰고 말하거나 생각할 수 있겠죠. 이런 의식은 친구와의 인연을 재회하고, 소중하게 간직할 선물을 감사하게 합니다.

월요일 저녁 오 분과 같이 정해진 시간을 만드는 건, 그들을 추억하는 데 전적으로 시간을 바치는 것이기에 반려동물을 기리는 일이 됩니다. 또한 오 분이라는 특정한 시간으로 회상을 국한했기 때문에 괴로움도 한정됩니다.

많은 펫로스 사이트들이 남겨진 반려동물 주인들에게 추모글을 올리거나 다른 이들과 채팅할 수 있게 도와줍니다. 이런 웹사이트들은 여러분과 각별히 연관 있는 날에 더욱 유익합니다.

휴일은 특히 더 힘들 수 있기에 미리 계획을 세우는 게 좋습니다. 한 여성은 사탕을 나눠주던 걸 도와주던 우람한 검은 고양이 베스트 없이 보내게 될 첫 번째 할로윈이 유달리 슬플 것 같아서, 고민 끝에 할로윈 저녁에 지역 가정폭력 쉼터 아이들을 위한 파티를 열기로 결심했다고 해요.

많은 이들이 반려동물 상실 이후 닥치는 첫 번째 큰 휴일에 고통을 겪습니다. 위 사례처럼 보통 때와 아주 다른 휴일을 계획하는 것이 이해가 되죠.

지난 몇 년 동안 가족들과 집에서 즐겁게 지내던 그날에, 친구와 여행을 가기로 하거나 벽난로 덮개 위에 있는 떠나간 친구를 위해 크리스마스 양말 걸기 같은 휴일 행사를 유지하기로 결정할 수도 있겠지요.

떠나간 친구를 기리는 애도 시간에 간략한 의식이 있는 게 도움이 됩니다. 예를 들어, 반려동물에게 쓴 연하장을 읽은 후 눈에 띄는 곳에 놓아두는 것이 치유에 도움을 줄 수 있습니다. 미리 하는 계획은 기념일, 휴일 및 다른 특별한 날들을 최소한의 고통과 함께 보낼 수 있도록 도와줍니다.

## 자연에서 시간 보내기

바쁜 일정 속에서 일부러 시간을 내어 공원을 산책하거나 하이킹을 하거나 조용한 해변을 걷는 것은, 상심으로 마음이 찢어졌을 때 자신에게 선사할 수 있는 귀중한 선물입니다.

자연 속에서 삶과 죽음이라는 순환에 감싸인 자신을 발견할 수 있죠. 계절의 옷을 갈아입는 부드러운 초록이 약해진 잎을 뚫고 하늘을 향해 돋아나고, 오래된 생물의 껍질은 해안을 따라 여기저기 흩뿌려져 있습니다. 소라게가 바다 우렁이가 남긴 회색 나선형 집 속으로 웅크리며 들어갑니다. 게를 보면서, 그의 집은 얼마나 많은 생명들의 쉼터가 됐을까 상상해 봅니다. 신선한 공기, 새의 노래, 부스럭거리는 잎들과 알록달록한 햇살이 폭포처럼 쏟아

지는 광경과 파도 소리, 연못에서 찰랑이거나 험난한 개
울에서 쏟아지는 물소리, 이 모든 것이 자연이 위로해주
는 포옹이지요.

　잠깐이라도 이런 장소를 방문하는 것은 많은 이들에게
위안이 됩니다. 반려동물의 상실에 뒤이은 감정들을 겪어
나갈 때 자연의 영속성이 매우 특별한 위안이 될 것입니
다.

### 1.

상심은 활력과 동기를 저해하기 때문에, 자신을 돌보는 건 계획과 강한 의지의 결단이 필요합니다.

### 2.

새로운 활동을 시도하는 것(일상의 변화, 창조적 작업, 휴일 계획)은 많은 이들에게 도움이 됩니다.

### 3.

상심을 피할 수 없지만, 사려 깊게 자신을 돌봄으로써 괴로움을 감소시킬 수 있습니다.

# 5
# 반려동물 상실이 부모님을 잃는 것보다
# 더 상처가 될 수 있다

 낸시와 저는 부모님, 조부모님, 배우자 혹은 형제자매를 포함한 다른 과거의 상실보다 반려동물의 죽음이 더 극심한 상심을 일으킨다는 이야기를 자주 들었습니다.

 사람들은 이런 자신의 감정을 믿을 수 없다고 고백이라도 하듯이 작은 목소리로 이야기하곤 합니다. 우리는 그것이 얼마나 자주 있는 일인지 알려주며 그들을 안심시키죠. 너무 흔히 있는 일이이거니와 중요한 만큼 이 자리를 빌어 한번 말씀드려볼까 합니다.

## 친밀함과 상실

 친밀함은 감정적, 신체적 친교를 의미합니다. 우리는 종종 반려동물과 놀라울 정도로 친밀해지곤 하죠. 그들은 인간의 집에서 자면서, 방에서 방으로 따라다니고, 우리

바로 옆에 바짝 붙어서 자기까지 합니다.

서로의 언어를 말하고 알아들을 순 없지만 우리들 대다수는 가족과 이야기하듯이 자연스럽게 반려동물과 이야기하죠. 많은 반려인들이 반려동물의 기분과 특정한 욕구까지 읽을 수 있다고 합니다.

우리는 반려동물이 행복할 때, 신났을 때, 걱정할 때, 낭패감을 느낄 때, 화났을 때, 놀랐을 때, 궁금할 때, 배부를 때, 기분이 안 좋을 때, 화장실을 치워야 할 때를 압니다. 거의 텔레파시 수준의 이해력을 경험하죠.

정서적 친교에 더해, 많은 이들이 사람들과 공유하는 수준을 넘어서는 신체적 친교를 반려동물과 경험합니다. 우리는 반려동물을 목욕시키고, 손발톱을 자르고, 귀를 청소해주고, 눈곱을 제거해주고, 빗질을 해주죠. 반려동물의 종류에 따라 가장 사적인 부위를 씻어줘야 할 경우도 있어서, 발에서 배설물을 떼어내거나 칫솔질이 필요할 수도 있습니다.

부모가 아기를 보살피는 모습과 유사하지 않나요? 그러나 아기를 돌보는 일은 시간이 지나면서 감소하고 부모의 육아에의 직관은 아기가 첫 번째 생일을 지나면서 말로 대화를 하는 것으로 보완됩니다. 반면 반려동물을 돌보는 일은 반려동물이 살아있는 동안 내내 계속되고, 서로 말이 통하지 않으니 반려동물이 무엇을 원하는지 직관에 의지할 수밖에 없는 것이죠.

반려동물이 점점 나이를 먹으면서 질병이 자주 수반되기 때문에 보살핌은 더욱 어려워집니다. 신장기능 정지를 방지하기 위해 매일 피하에 체액을 주입하고, 심장병이나 암, 소화기 장애 치료를 위해 알약이나 물약을 삼키도록 구슬리는 일도 만만치 않죠.

반려동물의 다리나 엉덩이 혹은 허리가 더 이상 정상적으로 기능하지 못하기 때문에 반려동물이 이동할 때 도와야 하는 경우도 있습니다. 매일 반려동물의 몸을 만지고, 안고, 주의 깊게 다뤄야 하는 것이죠. 우리들 대다수가 한 생명체를 이런 식으로 다뤄 그들을 마음 가까이 느끼게 됩니다.

반려동물과의 이 놀랄만한 정서적, 신체적 친교는 드문 수준의 친밀함을 발생시키는데, 반려동물과의 관계에서 그 단순함은 비교가 불가합니다. 떠나간 반려동물과의 사이에서는 말다툼을 했거나, 그 때문에 소원해졌거나, 극적으로 화해했거나 같은 일은 전혀 없죠. 그 관계는 일관적이고 예측 가능하며, 사람들과의 관계에서는 거의 불가능한 수준의 신뢰가 생깁니다.

이토록 친밀하고 일관적인 관계를 잃게 되어 발생한 상심이 부모나 가족의 상실에서 발생한 상심보다 더 크게 느껴지는 건 이상한 일이 아닙니다.

우리는 부모나 형제, 가족들을 많이 사랑하지만, 일정한 거리를 두고 살거나 생활에서 한 부분을 차지하지는 않을 수 있고 전화통화를 하거나 주기적인 방문으로 대신합니다. 그들을 상실하는 것도 헤아릴 수 없이 중요한 누군가를 잃는 것이죠. 하지만 일반적으로 그들의 죽음이 가정이나 일상을 변화시키지는 않습니다. 우리가 매일 이야기하고 만지는 상대를 잃은 것은 아니니까요.

## 놀라운 유대

반려동물과 보호자 사이에 친밀한 유대가 존재한다면, 경우에 따라 그 유대가 더욱 높은 수준으로 상승할 수 있습니다. 많은 보호자들이 한 마리 이상의 반려동물들과 보기 드물게 놀라운 방식의 유대를 갖습니다. 우리 부부에게는 피비라는 이름의 고양이가 있었는데, 작고 새까만 몸에 귀 끝이 약간 접힌 커다란 황금 눈을 가진 피비는 맨해튼의 보호소에서 입양한 봄베이 고양이였죠.

서로 인사를 한 바로 그 순간부터 영겁의 시간동안 그 고양이를 알아온 듯한 느낌을 받았습니다. 피비가 내게 다가오는 모습에서 피비도 같은 것을 느꼈으리라 확신했죠. 피비는 갈색과 흰색이 섞인 고양이 레지널드와 함께 우리 아파트에서 살게 되었습니다.

두 고양이는 집안에서 우리를 졸졸 따라 다녔어요. 우리 둘 중 하나와 신체적 접촉을 유지하는 것이 삶의 미션이라도 되는 듯했죠. 그 둘을 모두 지극히 사랑했지만, 특히 피비와 나 사이에는 다른 무엇이 존재했습니다. 이전 반려동물들과의 유대와 비할 바가 아니었죠.

피비가 죽었을 때, 저의 한 부분이 함께 가버렸어요. 피비의 죽음 이후 일어날 슬픔의 심연에 무방비였죠. 그때까지는 반려동물을 잃는다는 게 그렇게 상처가 되리라고 전혀 생각하지 못했습니다.

반려동물의 죽음이 과거 어떤 상실보다도 마음을 산산이 앗아갔다는 사람들, 반려동물의 죽음이 아버지나 어머니의 죽음보다 더 비통했다고 말하는 사람들의 이야기를 들을 때마다 피비를 생각합니다.

더 이상 명확하게 이 현상을 설명할 수 없지만, 저는 이런 경험을 두 번 정도 했습니다. 지금 키우고 있는 개 이

사벨과도 이런 유대를 느끼고 있어요. 헤아릴 수 없이 많은 친구, 가족, 펫로스 모임 참가자들의 이야기들 속에서 직접 목격하기도 했고요. 이러한 관계를 함께한 반려동물을 상실할 때, 우리의 상심은 과거 어떠한 경험보다도 특별할 것입니다.

## 반려동물의 죽음이 한 시기의 종말을 나타냈을 때

특정한 경우 반려동물의 상실이 매우 심각한 상심을 초래할 수 있습니다. 힘든 시간을 헤쳐 나올 수 있도록 도왔거나, 반려동물의 죽음이 '한 시기의 종말'을 상징하기 때문이죠. 한 친구는 얼마 전 저에게 십년간의 결혼 생활 동안 그녀를 학대한 남편과 헤어진 직후 개를 입양한 일을 들려줬습니다. 개가 죽은 후 매우 깊은 상심을 겪었다고 하더군요.

"제이롤은 이혼 기간 동안 쭉, 그리고 제가 새로운 도시에서 새 삶을 시작하는 것까지 지켜봤어요. 제이롤에게 울고 매달리면 눈물을 핥아주곤 해서 저를 웃게 했죠. 친구가 필요해서 보호소에서 제이롤을 입양했는데, 제이롤은 최고의 친구가 되어줬어요. 제이롤이 죽었을 때 제 삶의 한 시기가 끝이 났죠. 저는 지난 십년간 한 모든 일에 대해 생각해봤어요. 영혼의 동반자를 만나 재혼하고 안정적인 일도 얻었죠. 제 옆에서 저를 사랑해준 제이롤에게 정말 고마워요."

삶의 큰 격동기에 반려동물이 함께했다면, 그 죽음으로 인한 상심은 놀라울 정도로 강력합니다. 단순히 떠나간 친구를 애도하는 것만이 아닌 우리가 함께 한 시간 동안 일어난 모든 변화를 슬퍼하는 것이죠. 친구를 잃어버린 일은 함께 견뎌낸 모든 아픔을 강력하게 불러일으킵니다.

떠나간 반려동물을 사망하거나 헤어진 배우자와 함께 길렀을 경우나 사망한 부모님이나 자녀에게서 반려동물을 물려받은 경우, 비슷한 종류의 강렬한 상심이 들이닥칩니다. 이럴 때 반려동물의 죽음은 가족의 죽음과 연관되어 감정에 강력한 소용돌이를 일으키죠.

최근의 상실은 과거의 기억을 일깨우는데, 반려동물의 상실과 가족의 죽음이 직접적으로 관련이 있을 경우 가능성이 높습니다.


## 죄책감을 느낄 필요가 없다

죽은 반려동물에 대한 상심이 어머니의 죽음보다 더 극단적으로 느껴진다면 죄책감을 느낄 수도 있습니다. 만일 죄책감이 든다면 가능한 모든 노력을 다해 죄책감에서 벗어나도록 스스로를 설득해야 합니다. 사실 여러분이 느끼는 바를 통제할 수는 없으니까 말이죠. 우리 모두 그렇습니다.

우리의 감정은 나름의 주장이 있죠. 언제나 옳지는 않을 뿐더러 오히려 상반되는 경우도 많습니다. 팀을 응원하는 팬들의 그 강렬함을 한번 생각해 보시길.

뉴욕 자이언트 풋볼 팀이 졌다고 일주일 내내 쳐져 있는 사람들이 있습니다. 이해가 안 돼요. 저는 그렇게 생각하지만 늘 일어나는 일입니다.

부모, 형제 또는 특별한 사람을 잃었을 때보다 반려동물의 상실을 더 심하게 느낄 수 있는 몇 가지 요인을 설명했습니다. 한 가지 주의해야 할 점은, 이 책 어디에서도 여러분이 사랑하는 이나 소중한 가족을 반려동물보다 덜 사랑했다고 말씀드리지 않았다는 것입니다. 대신, 반려동물과 보호자 간의 고유한 신체적, 정서적 친교의 수준, 어떤 동물들과 보호자들 간에는 특별한 유대가 존재한다는 점, 인간의 삶에서 반려동물의 죽음이 한 시기를 끝내는 걸 의미한다는 것을 말씀드렸습니다. 이 모든 것이 여러분이 경험하는 이례적인 고통의 요인이 됩니다.

마지막으로, 부모님이나 사랑하는 이의 죽음보다 반려
동물의 죽음을 더 슬퍼할 경우, 여러분의 의지에 의한 게
아니라는 걸 유념했으면 합니다. 저와 낸시, 다른 모든 사
람들처럼 때때로 마음의 불가사의함과 직면하는 것뿐이
에요.

핵심
정리

1.

반려동물의 죽음은 과거 경험한 어떤 죽음보다도, 심지어 부모님의
죽음보다도 더 슬프게 느껴질 수 있습니다.

2.

반려동물과 일상을 친밀하게 공유하고 인생의 어떤 시기를 반려동물
이 상징하기도 한다면, 슬픔의 정도가 훨씬 강렬해질 수 있습니다.

3.

우리가 이런 식으로 느끼는 것이 소중한 가족을 충분히 사랑하지 않
았다는 걸 의미하지는 않습니다.

6

# 어떻게 저런 말을 할 수 있을까?

사람들은 섣부른 동정으로 "감사하게도 열두 살이나 살았으니 제 명은 다했네." "이제 훨씬 좋은 곳에 갔을 거야."부터, 작정하고 공격적으로 "고양이 한 마리잖아, 다른 걸로 하나 사!"까지 도움이 되지 않는 말을 하곤 합니다. 일부는 반려동물이 죽어서 좋다고까지 하는데, "그래도 이제 병원에 돈 쓸 일은 없겠네." "좋은 쪽으로 생각해. 여행은 실컷 할 수 있잖아." 하는 식이죠. 사람들은 왜 이런 말을 하고, 이런 말을 들었을 땐 어떻게 반응해야 할까요.

### 이런 행동은 어디에서 나오는가?

사람들은 동물에 대해 복합적인 감정을 지니고 있습니다. 엄청난 반려동물 숫자에도 불구하고, 반려동물을 키우는 사람을 포함하여 상당수가 동물을 물건처럼 취급하죠. 좀 더 구체적으로, 동물을 음식이나 의복(가죽, 털)에 사용되는 사물이라고 간주하곤 하죠. 때때로, 동물들은 유원지나 인형처럼 장식품 혹은 오락의 도구가 되기도 합니다. 이런 사고방식이 여러분의 살아 숨 쉬는 친구를 교환 가능한 물건으로 보게 하는 것입니다. 결국, "그냥 다른 거 하나 사!"에 이르게 되죠.

또 다른 이유는 많은 사람들이 괴로운 감정을 맛보게될 때 경험하는 어려움입니다. 그들은 자신이나 타인이 겪는 정서적 고통에 대한 인내심이 거의 제로 수준이죠. 우리 문화의 대부분이 이런 불쾌함을 조장합니다.

티비 프로그램이나 영화, 유행가, 다른 매체들 어디를 찾아봐도 사람들의 슬픔, 공포, 상처 받기 쉬운 혹은 절망적인 감정을 같이 공유하는 곳은 없습니다. 행복한 사람들만 나오고 슬픈 사람들은 찾아볼 수 없죠. 행복한 사람들은 승자로, 슬픈 사람들은 패배자로 그려지는 식입니다. 그런 '문제'에는 약이 있잖아 라는 식이죠. 물론 제가 과장했을 수 있지만 사실 크게 과장한 건 아니라고 생각합니다.

이런 메시지들 속에서 살면 슬픔을 피하는 게 옳은 것처럼 느껴집니다. 슬픔을 피하라고 배우면 슬픔을 어떻게 해야 할지 몰라 결국 슬픔이 무서워지고 말죠. 사람들은 자신들이 슬퍼지는 걸 꺼려하기에 다른 사람들이 슬퍼하는 걸 원치 않습니다. 결국, "좋은 쪽을 보도록 해봐, 여행도 마음껏 할 수 있고 동물병원에 돈 쓸 일도 없고, 쫓아다니며 청소하거나 옷에 털 떼어낼 일도 없잖아."라고 말해버리는 것입니다.

솔직하게 슬픔을 느끼고 반려동물을 위해 깊게 마음 아파한다는 건 이런 비정함에 저항한다는 의미입니다. 함부로 말을 건네는 사람들이 어떤 부정적인 의도를 지니고 그리하는 건 아닙니다. 대부분 안위를 진심으로 생각해서 하는 말일 거예요. 다만 그 친절에서 비롯된 말이 헷갈릴 때가 있고 오해를 불러일으키기도 하는 겁니다.

많은 사람들이 반려동물을 잃고 마음 아파하는 이들을 돕고 싶어 합니다. 하지만 대부분이 제대로 된 방법을 모르죠. 가족, 친구, 지인들을 올바른 방향으로 이끌 수 있는 몇 가지 팁을 소개해봅니다.

### 어떻게 대응할 것인가

솔직하고, 직접적이고, 차분한 전달 방식이 가장 좋습니다. 특히 차분함이 가장 중요하죠. 잘 이해되지 않는 것을 전달해야 할 때, 우리가 말하는 방식은 모든 걸 좌우합니다. 우리가 오래도록 지켜온 신념이 있다면, 어떤 어려운 메시지라도 전달할 수 있다는 것과 그 전달 방식에 온전히 주의를 기울이면 긍정적 결과를 얻을 수 있다는 것이죠.

어느 날 우리가 울고 있는 모습을 보고 회사 동료가 괜찮은지 물어본다고 가정해봅시다. 우리는 고맙다고 하며 고양이가 일주일 전에 죽었는데 일하는 중에도 이따금씩 눈물이 나온다고 말하겠지요. 동료는 "진짜요? 고양이한 마리 때문에요? 보호소 가서 한 마리 얻어 오면 되잖아요?"라고 말할 것이고요. '세상에, 이렇게 인정머리 없는 사람인 줄은 꿈에도 몰랐네.'라는 생각이 들 거예요. 침착하게 마음을 가다듬은 후 이렇게 말해보면 어떨까요. "그런 말은 좀 놀랍네요. 괜찮으냐고 물어봐준 건 고맙지만, '고양이 한 마리 때문에요? 보호소 가서 한 마리 얻어 오면 되잖아요.'라고 말하는 건 정말 심한 거예요. 상처 줄려고 한 이야기는 아니겠지만, 당신의 친구가 죽어서 울고 있는데 제가 '다른 친구 만들면 되잖아요.'라고 하면 어떻겠어요? 그런 말보다는 '정말 힘드시겠어요.' 이런 이야기가 훨씬 위로가 될 것 같네요."라고 말입니다.

이번엔 멀리 살고 있는 동생이 전화해서 안부를 묻는다고 가정해보죠. 우리는 개가 죽었다는 소식을 전하고 동생이 대답합니다. "병원비용이 만만치 않았을 텐데 말이야. 약 챙겨 먹이는 것도 보통이 아니었을 테고. 잘 됐네. 매여 있는 것도 없으니까 우리 집에 놀러올 수도 있겠어!" '이 자식이 지금 여기 있다면 목을 졸라 줄 텐데.'라고 생각하겠지만 크게 숨을 한번 들이쉬고 이렇게 말해보세요. "도와주려고 한 소리겠지만, 정말 충격이다. 스탠리 치료를 위해 많은 시간과 돈을 쓴 건 사실이야. 하지만 가족이 아프다면 누구라도 그렇게 하지 않을까? 다르게 생각해서 "지금은 정말 힘들 것 같아. 누나한테 스탠리는 큰 힘이었잖아?" 이렇게 말할 수는 없을까?"

우리를 진심으로 생각하고 돕고 싶어 하지만, 도움이 되는 말을 모를 뿐인 이들에게는 어떤 말을 해야 하는지 솔직하게 알려주어야 합니다. 상처 되는 말 속에 악의가 들어 있다고 받아들이기 전에, 도움이 되는 말을 어떻게 해야 하는지 몰라서 그랬다고 생각해보세요. 상대방이 의도한 본심에 도움이 되는 말을 하는 건 상대방에게도 우리 자신에게도 친절한 행동입니다. 자신의 위로가 잘못됐다는 걸 금방 깨달을 겁니다. 하지만 지금은 내가 약해져 있어서 누군가와 대립하고 싶지 않다고 느낄 수도 있습니다. 상대방이 지나치게 방어적으로 나올 수도 있고, 지금 우리의 마음 상태가 거기에 별로 신경 쓰고 싶지 않을 수도 있지요. 그럴 경우 "그 이야기는 잘 생각해볼게요. 나중에 얘기해요."라고 대답하며 넘어가시길.

## 우리의 감정은 존중받아야 한다

상대방의 말을 고쳐주는 건 다른 사람의 감정뿐 아니라 우리 자신의 감정 역시 중요하기 때문입니다. 모든 사람의 감정은 존중받아야 하죠. 위의 언급한 방식으로 대응함으로써 우리는 자존감이라는 선물을 스스로에게 줍니다. 말실수를 한 상대에게는 두 번째 기회를 주는 것이고요.

상대방이 우리의 지적을 듣고 따라준다면 우리가 상대방에게 가치 있는 가르침을 주는 게 되겠지만, 상대방이 여러분의 대응을 하찮게 여기거나 지나치게 민감하다고 치부해 버리는 등 계속해서 무례하게 군다면 그들이 우리에게 큰 교훈을 주었다고 볼 수 있습니다. 앞으로 슬픔에 대해서는 그 사람들을 신뢰할 수 없다는 교훈이죠. 그들에게는 감정을 노출하지 말고 반려동물을 잃은 일에 대한 어떤 것도 공유하지 않는 게 현명합니다. 이 힘든 시기에 가장 피해야 할 건 더 이상의 상처일 테니까 말이죠.

우리는 동물들을 물건으로 취급하고 정서적 고통을 피해야 한다고 가르치는 세상에 살고 있습니다. 이 불운한 환경이 많은 사람들을 둔감하게 만듭니다. 우리는 약간의 무신경함부터 터무니없는 모욕까지 감수해야 하죠.

상처가 되는 말을 하는 사람들을 선의로 해석하는 것은 친절한 행동입니다. 그들에게 말을 듣는 사람의 심정이 어떤지 알려주고, 속상하게 하는 대신 지지가 되는 말을 알려줘야 합니다.

그들이 알아차린다면 여러분은 그들을 도운 것이죠. 계속해서 무례하게 행동한다면 더 이상의 무신경함으로부터 상처받지 않도록 스스로를 보호할 권리가 있습니다.

1.

사람들은 마음 아파하는 반려인들에게 예상 밖의 무신경한 반응을
보입니다.


2.

동물을 살아있는 생명이 아닌 물건으로 취급하고 정서적 고통을 멀리
하도록 가르치는 뿌리 깊은 사회적 관습에 원인이 있습니다.


3.

우리와 다른 모든 사람들의 감정을 존중해야 합니다.


4.

솔직하고 단도직입적이며 차분한 의사전달 방식은 상대를 정정하는
데에 도움이 됩니다.


5.

계속해서 무신경하게 구는 사람이 있다면, 그 사람과는 슬픔을 공유
하지 않는 것이 좋습니다.

# 7

# 살아 있는 모든 것은 죽는다

오래 전 청각을 잃었고 이 년 전에는 시력까지 잃은 슈나우저와 푸들의 믹스 종 해디는 지난 오 일 간 일어서서 걸을 수조차 없었습니다. 그동안 거의 먹지도 못했던 거죠. 삼 년 전 진단 받은 암이 전이되어 주둥이와 기도가 거의 두 배로 붓고 삼키는 힘에도 제한이 생겼기 때문입니다. 삼 주 전, 수의사는 암의 마지막 단계에 있는 해디의 삶이 너무 고통스러우니 안락사를 시행할 때라고 제안을 해왔습니다. 해디가 회복할 거라 믿고 있던 재스민과 길에게는 청천벽력 같은 소식이었죠. 해디는 소리 없이 뒷자리로 물러갔습니다.

재스민과 길은 처가댁에서 주말을 보낸 뒤 피츠버그 외곽의 주간도로를 달려 집으로 향하고 있었습니다. 출발한 지 이십 분이 지났을 무렵, 재스민은 문득 뒷좌석으로 시선을 던졌죠. "해디!" 재스민이 울부짖었습니다. 길은 '십

년의 결혼 생활 동안 한 번도 들어보지 못한 소리'라고 후에 회고했습니다. 재스민은 급히 브레이크를 밟고 차를 갓길로 내달려서 세운 후 뒷좌석으로 뛰어들었습니다.

"저는 해디의 주둥이를 잡고 제 입을 가능한 한 가까이 코로 가져가서 숨을 불어줬어요. 한 번, 두 번 불고 쉬고, 다시 한 번, 두 번 불고 쉬고. 피와 침이 해디의 코에서 뿜어져 나와 입 너머로 흘러 내렸어요. 저는 안 돼, 안 돼, 안 돼, 안 돼! 하며 비명을 질렀죠. 길이 제가 심장마비를 일으킬까 봐 걱정했던 것 같아요. 그는 제 어깨를 잡고 저를 진정시키려고 했죠. 집하고 수의사한테서 그렇게 멀리 떨어져 있었으면 안 됐어요. 해디를 죽게 놔두지 말았어야 했어요."

우리 펫로스 모임에 최근 세 번 중 한 번이라도 참가한 사람들은 모두 이 이야기를 들었죠. 구겨진 티슈로 얼굴을 닦을 때마다 눈물이 재스민 얼굴로 쏟아져 내렸습니다. 길은 옆에 앉아 손을 단단히 맞잡고 팔은 무릎에 내려뜨린 모습이었죠. 완전히 감지 않은 눈을 약간 뜨고 입을 단단히 꽉 물고 있는 길은 그 자세로 굳어진 것 같았습니다.

나는 재스민과 눈을 마주보고는 다정하지만 결단력 있는 톤으로 이야기를 시작했습니다. "당신의 소중한 친구는 심한 고통에 있었어요. 볼 수도, 들을 수도, 움직일 수도 없었고 두개골 암 때문에 숨도 쉴 수 없었죠. 해디의 죽음이 필연적이었음을 직면하는 게 중요해요. 당신이 지연시킬 수 있거나 지연시켜야 하는 그런 종류가 아니었어요. 해디는 우리 모두에게 다가오는 시간을 맞이한 겁니다. 해디에게 죽음은 불가피한 것이었어요."

보통 시작이 이렇게 극적이진 않지만 저는 정기적으로 이와 같은 대화를 나눕니다. 죽음의 불가피함을 부정하는 사회에서 사는 우리에게 이런 대화는 점점 더 필요해지고 있죠. 예측하건데 이것은, 큰 혼란을 불러일으킬 주제입니다. 이전 세대에서는 상상하기 힘든 정도의 수명 연장 기술이 혼란을 더욱 부채질하고 있습니다. 이런 기술적 신기(神技)는 수많은 사람과 반려동물에게 유익한 반면, 죽음이 한없이 지연되리라는 환상을 만들어 내죠.

우리는 대부분 일상에서 죽음을 보지 못하기 때문에 이런 환상을 믿게 됩니다. 우리는 삶의 진실이 부인할 수 없게 명백히 남아 있어서, 죽음이 우리 삶의 낯설지 않은 침입자가 되는 환경에서 소외된 채 살고 있습니다. 그래서 죽음은 삶의 정상적 일부라는 진실과 멀어지게 된 것이죠. 재스민과 길처럼, 긴 삶의 예측 가능한 끝마저도 전쟁 혹은 예상 밖의 공포로 여기고 마는 겁니다.

반려동물의 죽음은 대부분 우리가 잘못 보살피고 수의사가 책임을 다하지 못하고 혹은 무언가 끔찍하게 잘못되어서 발생한 게 아닙니다.

죽음은 실패, 재앙을 의미하지 않습니다. 친구의 삶이 모든 생명들이 결국 그러하듯 그저 끝을 맞이하는 걸 의미합니다. 우리들, 우리의 반려동물 그리고 이 행성의 모든 살아 있는 생명은 지금 우리가 분명히 숨 쉬고 있는 것처럼 마지막엔 반드시 죽음을 맞이합니다.

이처럼 강조하는 건 마음을 상하게 하려는 의도가 아니라 정반대의 의도예요. 죽음을 삶의 정상적이고 필연적인 특성으로 인식할수록, 삶의 마지막을 잘 대비할 수 있고 사랑하는 이의 죽음 이후 스스로를 잘 치유해나갈 수 있으며 다른 사람을 치유하는 데도 도움이 될 수 있습니다.

해디의 갑작스런 죽음 앞에서 보인 재스민과 길의 무능함은 의심의 여지없이 깊은 사랑에 의한 것이었지만, 관련된 모두에게 있어 불필요한 고통을 끼쳤다고 할 수 있습니다.

죽음을 정상적인 일로 받아들이면 더 이상 죽음에 맞서 싸울 필요가 없습니다. 재스민과 길이 해디의 안락사를 결정했든 마지막 날까지 약물 투여를 유지했든, 시간이 지나면서 사랑하는 방식으로 차분히 해디에게 작별 인사를 할 수 있었을 것입니다. 해디는 차 뒷좌석이 아닌 집이나 병원에서 사랑하는 사람들에게 둘러싸여 죽음을 맞이할 수 있었다는 말입니다. 펫로스 모임에서 몇 번이고 토로한 그 쓰라린 사건을 재스민은 겪지 않을 수 있었던 겁니다.

사랑하는 이의 죽음을 원하는 사람은 아무도 없지만 죽음을 부정하는 건 아무 도움도 되지 않아요. 우리는 아직 재스민과 길이 겪었던 어려움과 마주하지는 않았지만, 죽음이 현실에 실제로 존재한다는 걸 분명히 인식하면 삶을 더욱 더 가치 있게 여길 것입니다. 반려동물과 함께하는 시간이 얼마나 소중한지, 우리 자신의 삶에도 관심을 기울여야 한다는 사실을 깨우쳐주죠.

모든 삶에는 끝이 있음을 받아들일 때, 슬픔과 상실감을 겪는 우리 자녀들과 다른 사람들도 더 잘 도울 수 있을 것입니다.

## 핵심
## 정리

#### 1.

죽음은 정상적인 것이며 피할 수 없는 삶의 결론이지 결코 실패, 사고 혹은 재앙이 아닙니다.

#### 2.

이와 같은 방식으로 죽음을 보는 것은 우리 통제 밖의 힘에 대항하여 헛된 싸움을 시작하는 대신, 편안함, 지지, 선호하는 작별방식을 자유롭게 선택할 수 있게 합니다.

#### 3.

죽음을 받아들이면 우리와 우리가 사랑하는 사람들의 삶을 더 소중히 여기게 됩니다.

#### 4.

죽음이 삶의 한 부분이라는 점을 인정하면 다른 사람들도 도울 수 있습니다.

# 8
## 많은 이들이 안락사 결정을 두고 고민한다

우리 부부가 고양이 레지날드의 안락사를 결정했던 이야기를 나누고자 합니다. 펫로스 모임에서 이 이야기를 여러 번 나누었음에도 여기서 또 들려드리는 이유는, 다른 이의 이야기가 아닌 제 개인적인 이야기를 하는 게 중요하다고 생각하기 때문입니다. 안락사는 제3자의 입장에서 결정하는 게 아니니까 말이죠.

그건 매우 가까이, 이 글을 입력하는 키보드 옆에 닿을 듯이 큰 대자로 누워 있는 치와와 두 마리와의 거리만큼 가까이서 일어납니다.

안락사는 결국 개인이 내려야 할 결정입니다. 불안함과 죄책감을 안겨주지만, 반려동물이 더 이상 손쓸 수 없는 고통에 직면했을 때에는 유일한 위안이기도 합니다. 아마 우리가 살면서 내려야 할 결정 중 가장 어려운 결정일 거예요. 그럼 이제 우리가 겪은 일을 들려드리겠습니다.

5개월 동안 암은 레지의 몸 구석구석에 퍼져갔습니다. 우리는 불가피한 결정을 피하기 위해 최선을 다했고 레지가 보여주는 인내심으로 쉽게 그 결정을 피할 수 있었죠.

레지는 집 주위 어디라도 우리를 따라다녔고 냉장고 문을 열 때마다 야옹거리며 간식을 맘껏 즐겼습니다. 우리를 경호하듯 방에 들어갈 때마다 앞서서 돌진했고 책상에서 영수증을 작성하든, 소파에서 책을 읽든, 전화로 수다를 떨든 항상 바로 옆에 자리를 잡았습니다. 입맛도 여전해서, 십 년 전 보호소에서 우리 집에 왔을 때의 먹성 그대로였죠.

레지는 여전히 자신도 우리와 같은 사람인양 우리 베개 사이에 머리를 두고 잤습니다. 내가 깊이 잠들기 바로 전까지 그르렁거리며 졸고 있다가 한 치의 어김도 없이 내 코끝을 아주 부드럽게 앞발로 건드렸죠. 앞발의 젤리가 나를 다시 깨울 정도로만 가볍게 말입니다. 내가 "그만해, 레지!" 하며 뒤척이면 레지는 다시 내 코를 가볍게 건드리고 내 아내는 킥킥 웃곤 했습니다.

하지만 지난 주 이 모든 게 갑자기 변하고 말았죠. 체중과 움직임, 식욕이 줄었고, 레지의 일부가 되어버린 듯한 악취는 그냥 지나칠 수 없는 문제가 돼버렸습니다. 수의사는 악취는 암 환자에게 '정상'이라고 말했는데, 그건 죽어가는 몸에서 나는 냄새였습니다.

우리는 언제 레지를 보낼지, 즉 고통이 삶의 기쁨을 넘어서는 그 시점을 결정하고자 고심했습니다. 운명이 그 신호를 전해왔습니다. 어느 날 아침, 레지의 입가 왼쪽으로 병변이 파열된 것이 보였습니다. 그저 어안이 벙벙했죠. 레지가 침을 흘리며 그 거무스름한 상처를 건드리는 걸 지켜볼 수밖에 없었습니다. 레지는 머리를 흔들며 입을 바닥으로 밀치고 여전히 얼굴에 앞발질을 하고 있었는데, 뒷몸을 세우고 머리는 바닥에 떨군 채 몸을 빙글빙글 돌리며 그 괴로운 것에서 자신을 **빼내려고** 하는 듯이 보였습니다. 번쩍이며, 믿을 수 없을 만큼 크게 뜬 레지의 눈은 고요히 공포를 울부짖고 있었습니다.

우리는 옷을 차려 입으며 레지를 달랬죠. 그리고 베이비시터에게 한 살 배기 아들을 부탁한 후 동물병원에 가려고 준비를 서둘렀습니다.

수의사 선생님이 레지를 진찰하자 모든 것이 분명해졌죠. 암이 진행되어 새로운 병변이 나타난 것이었습니다. 레지의 병변 부위 앞발질은 심한 고통이나 입술과 얼굴에서 자라나는 불편한 느낌 때문이라고 하더군요. 검사대에서도 계속된 레지의 앞발질은 고통의 정도를 암시하는 것으로, 진통제와 수면제를 처방하면 수일은 비교적 진정이 될 거라는 얘기를 들었습니다. 또 우리에게 시야를 넓혀 전체를 보도록 격려했습니다.

"레지는 지난 수일 간 거의 아무것도 먹지 못해서 체력이 급속도로 저하됐는데, 이제 얼굴과 입술에 나타난 새로운 병변으로 지치고 고통스럽게 됐어요. 이 새롭게 나타난 증상이 식욕 개선에 좋은 예후가 될 것 같지는 않습니다. 여러분 결정에 달렸지만, 레지는 여기에서 더 악화될 길밖에 없고 오늘 아침부터는 고통과 불편이 삶의 혜택보다 더 커지는 티핑 포인트를 지나쳤습니다."

우리는 레지에게 약물 처방을 해 며칠 더 우리와 함께 있게 하는 것이 결코 레지를 위한 결정이 아니라는 결론을 내렸습니다. 우리는 의사에게 레지의 고통을 끝내달라고 부탁했습니다.

의사가 주사를 놓을 때, 우리는 집에서 가져온 담요 위에 누워 있는 레지를 안고 쓰다듬고 있었습니다. 레지는 아무런 소리를 내지 않고, 약간 움직이더니 숨을 거뒀습니다. 레지의 차가워진 몸 옆에서 약 삼십 분 정도 머물며 울고, 안고, 지난 며칠에 대해 이야기를 나눴습니다.

우리는 레지의 마지막 날에 대해 고뇌에 빠졌습니다. 우리가 너무 오래 기다려서 레지의 불필요한 고통을 연장시킨 걸까? 레지를 집에 데려온 후 좀 더 안락사를 생각해봤어야 하는 건 아니었을까? 다른 의견을 구했어야 하지 않을까? 입에 작은 병변이 생겼을 때 커지는 것을 왜 눈치 채지 못했을까? 좀 더 관심을 갖고 일찍 알아챘으면 수술로 제거할 수 있었을까? 한 달은 더 살 수 있지 않았을까? 수의사가 주사를 놓을 때 그 옆에 있었던 게 옳았던 걸까? 레지는 우리가 자신을 죽였다고 생각할까? 작별 인사를 한 후에 숨을 거둘 때까지 나가 있어야 하는 거 아니었나?

나중에 여러 사람과 대화를 하면서, 반려동물을 안락사 시킬 때면 늘 이런 종류의 질문을 몇 번이고 반복하게 된다는 걸 깨달았습니다. 자신들의 반려동물을 안락사 시키지 않은 보호자들도 이와 매우 비슷한 질문을 합니다.

우리는 이런 질문들을 계속해서 반복하고자 하는 욕구가 상실감에 따르는 정상적인 반응이라는 걸 알게 되었습니다. 우리가 아무리 최선의 판단을 했더라도 늘 부족하게 느껴질 거라는 점을 받아들이려고 했습니다. 반려동물을 향한 사랑과 그 시점에 알고 있는 지식, 상담 내용에 기초해 결정을 내릴 수밖에 없으니까 말이죠.

낸시의 열두 살배기 퍼그 노엘은, 선천적 척추 기형으로 서서히 뒷다리 기능을 잃다가 결국 네 다리 모두 움직일 수 없게 되었습니다. 노엘은 활기차고 행복하며 아무 고통도 없어 보이는데도 불구하고, 많은 이들이 낸시와 남편에게 안락사를 권유했죠. 노엘이 고통을 느끼지 않는다는 수의사의 말에 확신을 얻은 낸시는 안락사 대신 노엘의 다리가 되어주기로 결심했습니다.

그들은 노엘이 볼일을 볼 수 있도록 집 안에서 밖으로, 또 그들과 가까이 옆에 있을 수 있도록 방에서 방으로 안고 돌아다녔고, 음식은 손으로 직접 먹였습니다. 노엘은 배를 문질러 달라거나 카펫 위에 뒹굴며 보살핌 받는 게 좋다고 알려왔죠.

일 년도 넘게 보살펴줬지만 노엘은 가슴에 종양이 생겨 숨쉬기가 힘들어지고 말았습니다. 수의사는 종양이 노엘에게 어떤 고통을 주고 있지는 않지만, 계속 커져서 결국 노엘이 제대로 숨을 쉬지 못하게 될 거라고 했습니다. 그는 호흡을 하지 못하는 고통이 가족 옆에 있는 즐거움을 넘어서는 시점이 되면 안락사를 하도록 권유했죠.

예상했던 대로, 노엘의 숨쉬기는 너무나도 힘들어졌습

니다. 어느 날 저녁, 길고긴 상의 끝에 낸시와 남편은 노엘의 마지막 병원 예약을 다음 날 아침으로 잡았습니다.

그들은 노엘과 함께 보낸 시간을 다정히 이야기하며 그날 밤을 보냈지요. 둘은 노엘과 다음 날 아침을 함께하며 노엘이 무의식 상태에서 숨을 거둘 때까지 안고 있었습니다.

## 안락사 시행 시 자리를 지키는 것에 대해

많은 이들이 안락사가 진행되는 동안 반려동물의 옆을 지키지만, 다른 방에서 기다리는 쪽을 택하기도 합니다. 상실감과 슬픔을 다룰 때 늘 그러하듯, 옳은 선택은 여러분과 여러분이 사랑하는 이들에게 최선이라고 생각되는 것이죠.

아이들이 자리에 있고 싶다고 할 경우, 책임감 있는 어른이 대신 판단해 결정할 필요가 있습니다. 반려동물의 마지막 순간이 조용히, 고통이나 괴로움 없이 지나가는 걸 보는 건 모두에게 도움이 된답니다.

그러나 어떤 사람들, 특히 아이들은 그 자리에 있는 게 크게 괴로울 수 있습니다. 그런 경우, 다른 방에서 기다리게 하는 것이 바람직하죠.

반려동물의 마지막 순간에 같은 방에 있는 것보다 중요한 건, 일생 동안 여러분이 보인 사랑과 보살핌입니다. 그러나 이 진실이 일부 사람들로 하여금 그들의 결정을 수 없이 되씹는 걸 막을 수는 없습니다.

안락사는 죽음의 결정이 아닌 고통을 끝내는 결정입니다. 반려동물들은 마지막을 배반의 순간이 아닌 보살핌의 순간으로 기억할 것입니다. 반려동물의 신뢰를 배신하는 게 아니라 편안하게 해주어 그 신뢰에 보답하는 것이죠. 안락사는 그 시기와 방법을 두고 논쟁을 일으킬 수 있습니다. 죽음은 병이나 수명에 따른 것이지 우리가 통제할 수 있는 부분이 아니라는 걸 꼭 기억해야 합니다.

## 핵심
## 정리

### 1.

안락사를 결정해야 할 때는, 수의사를 포함해 신뢰하는 사람과 함께
하세요.

### 2.

가장 유익한 질문은, 불가피한 고통이 삶의 유익보다 더 큰가 입니다.

### 3.

가능하면 반려동물을 안락사 시킬 때 여러분을 사랑하고 존중하는
이를 참석시키세요.

### 4.

아무리 사려 깊게 생각한 뒤 결정했다 해도 후에 자책할 수 있다는
걸 잊지 마세요.

# 9
## 반려동물을 잃은 아이들을 돕는 방법

모든 부모들은 자녀들을 상실감과 같은 고통에서 보호하려 합니다. 하지만 죽음은 불가피한 것이기에 아이들을 완벽하게 보호한다는 건 불가능할 뿐더러, 그렇게 한다고 해도 회복탄력성(resilience)을 형성할 수 있는 기회를 빼앗게 되고 맙니다. 더 안 좋은 결과를 가져올 수 있는 거죠.

이 년 전, 저는 한 기업의 간부와 그 부인을 상담했습니다. 그날 아침 그는 지극히 건강해 보이던 70대 어머님이 돌아가셨다는 걸 알게 되었다고 했습니다.

그 부부에게는 여섯 살, 일곱 살 먹은 자녀가 있었습니다. 아이들의 할머니는 그들이 살고 있는 뉴저지에서 한참 떨어진 매사추세츠에 계셨지만 자주 만나는 편이었죠. 일주일에 한 번은 꼭 전화통화를 하고 할머니도 정기적으로 그들을 방문했습니다.

그 부부와 얘기하기도 전에, 그들은 할머니의 죽음을

숨기기로 결정한 상태였습니다. 할머니가 일 년 정도 세계 유람선 여행을 떠나기로 하셨다는 얘기를 만들어 놓았다고 하더군요. 출발 일정이 너무 촉박해서 할머니가 그에게 사랑한다는 인사만 겨우 했다고 아이들에게 들려줄 거라 했습니다. 일 년 후에는 할머니가 모험을 계속하기로 했다, 평화봉사단 같은 곳에서 활동하기로 결정하신 것 같다는 식으로 말을 해줄 생각이었다고 했습니다. 그들은 아이들이 결국 할머니를 잊게 되리라고 스스로를 설득하고 있었던 거죠.

처음에는 사랑하는 이의 갑작스런 죽음으로 망연자실해서 하는 얘기라고 생각했지만, 이틀이 지나도 그 계획은 여전했습니다.

설상가상으로 매사추세츠의 장례식을 감추기 위해 얘기는 더욱 부풀려져서, 아빠는 급한 출장 때문에 멀리 떠나야 하고 엄마가 그와 동행하기로 거짓말을 했다는 것이었습니다. 그동안 베이비시터가 몇 주 동안 아이들을 돌봐주기로 하고 말이죠.

첫 상담 시에는 조심스럽게 설득을 시도했지만 이번에는 좀 더 강한 어조로 나가기로 했습니다. 저는 그 부부에게 왜 아이들이 할머니의 죽음을 받아드리도록 돕지 않고 그들이 버림받았다고 느끼도록 하느냐고 물었습니다. 이 거짓말은 아이들이 슬픔을 막지 못한다고도 말했습니다. 오히려 아이들의 슬픔을 두 배로 만들 수 있다고 말이죠. 할머니가 자신들에게 관심이 없다며 상심할 게 분명했습니다.

아이들은 왜 할머니가 자신들을 버린 건지 의문을 갖게 되고, 아이들 자신의 잘못이라고 치부하게 될 것입니다. 아이들에게 진실을 알리는 건 무척 슬픈 일이고 또 지금 상황에서 그들이 더 이상 힘든 일을 겪고 싶진 않겠지만, 제가 옆에서 돕겠다고 제안했습니다. 이렇게 하는 것이 관련된 모두에게 있어 최선임이 명백했습니다. 그들의 눈에서 눈물이 흘러내렸고 잠시 침묵이 이어졌습니다. 마침내 내 의견에 두 부모는 동의했고, 아이들에게 어떻게 소식을 알릴지 계획을 세우기 시작했습니다.

아이들이 고통스러워하는 걸 보는 건 결코 마음 편한 일이 아닙니다. 하지만 부모가 되면 새로운 관계를 주재하는 일을 맡게 되고, 거기엔 사랑하는 이 혹은 반려동물의 죽음을 겪어야 하는 아이들을 돕는 의무도 해당되죠. 다음 내용은 이에 도움이 되는 지침입니다.

## 알려주고 함께하기

먼저, 위와 같은 실수를 하지 말아야 하겠죠. 아이들과 함께해야 합니다. 아이들의 연령에 따라 알맞은 방법으로 반려동물의 죽음을 전달해야 하고요.

아이들도 성인처럼 제각각 아주 다른 존재라서 각기 다른 반응을 보일 수 있습니다. 이 점을 꼭 유념하시길. 다섯 살 이하의 아주 어린 아이들은 성인과 같은 방식으로 죽음을 이해할 수 없습니다. 영원함을 이해하는 데 무리가 있기 때문이죠. 반려동물에게 닥친 일을 설명할 때, 단순하고 구체적인 말을 사용하는 것이 좋습니다.

"보슬리가 죽었단다. 이제 움직이지 않고, 먹지 않고, 듣지 않고, 보지 않을 거야. 보슬리는 이제 더 이상 일어나지 않아. 우리 모두 보슬리가 그리울 거야."

이렇게 설명해주지 않으면 죽음을 이해하지 못하는 아주 어린 아이들은, 묻힌 반려동물이 다시 살아날까봐 혹은 살아 있는 반려동물을 묻은 것일까봐 두려워할 수 있습니다. 이런 설명을 듣고 반려동물의 죽은 모습을 본 다음에도 이 연령대의 아이들은 반복해서 반려동물이 언제 돌아오는지 묻기도 합니다. 그럴 때는 인내심을 발휘해 부드럽게 우리 친구는 다시 돌아오지 않을 것임을 강조해

주어야 합니다.

여덟 살이나 아홉 살쯤 되면 대부분의 아이들이 죽음의 의미를 어른과 동일하게 이해하기 시작합니다. 그들은 죽음이 피할 수 없는 삶의 마지막임을 알죠.

반려동물의 남겨진 몸에 대해 어떤 결정을 내리든 아이들에게도 알려주는 게 좋습니다. 장례식을 치른다면 아이들도 참석시키는 것이 좋고요.

## 반려동물의 죽음에 책임이 없다고 확인해주기

앞서 언급한 것처럼, 막 사춘기에 들어선 청소년을 포함한 모든 연령의 아이들은 불행한 가족사에 대해 스스로에게 책임이 있다고 느끼곤 합니다. 나이가 어릴수록 그럴 가능성이 크죠. 그렇기 때문에 이 점을 분명히 해주기를 권합니다.

"너도 이미 알고 있겠지만 확실하게 말해주고 싶어. 집에서 불행한 일이 일어나면, 혹시 내가 어떤 잘못을 한 걸까 하는 생각이 들 수 있단다. 제이크의 죽음에 너희는 아무런 잘못도 없다는 걸 꼭 알았으면 좋겠어. '학교에서 더 열심히 공부하고 집에서 얌전하게 굴걸. 제이크하고 더 많이 놀았으면 이런 일은 없었을 텐데' 하고 생각할 수 있는데, 그건 틀린 생각이야. 제이크는 나이를 많이 먹었고 건강도 많이 나빠졌단다. 그래서 죽게 된 거야."

## 아이들은 어른들을 보며 배운다

아이들은 반려동물의 죽음을 어떻게 받아들일지 부모님이나 다른 어른들을 보며 배우죠. 아이들이 우리를 보고 있다는 것을 꼭 강조하고 싶어요. 우리의 언행이 일치하지 않을 때, 아이들은 우리의 행동에 좀 더 주의를 기울입니다. "점심시간은 꼭 챙기도록 하세요", "편하게 다섯시에 퇴근하세요"라고 말하면서, 정작 본인은 점심시간도 없이 다섯 시를 훨씬 넘어 퇴근하는 상사 밑에서 일하는 걸 생각하면 이해가 빠를 듯합니다.

상사가 무슨 말을 하든 소용이 없는 게, 행동은 전혀 딴판이기 때문이죠. 반대로, 상사가 정오가 되면 자리를 뜨고 가족과 좀 더 시간을 보내기 위해 매일 다섯 시에 퇴근을 한다면, 거창한 설명이 필요 없습니다. 우리도 똑같이 하면 된다는 걸 아니까요. 이것을 염두에 두고 행동하길 바랍니다. 여러분은 자녀에게 있어 놀랄 만큼 훌륭한 롤모델이 될 거예요.

반려동물의 죽음은 자녀에게 어렵지만 중요한 삶의 교

훈을 알려줍니다. 반려동물이 일정 기간 동안 아팠다면, 자녀들은 그 과정을 지켜보고 돌봄과 간호에 동참하며 더 많은 걸 얻었을 것입니다.

안락사하기로 결정했다면 자녀에게 결정하기까지의 과정을 알려줘야 합니다. 죽음의 순간에는 함께해도, 함께 하지 않아도 괜찮습니다. 여러분과 자녀가 생명 없는 반려동물을 발견했을 때, 자녀들은 틀림없이 여러분이 어떻게 그 상황을 대처하고 겪어 나가도록 도왔는지를 기억할 것입니다.

아이들은 반려동물의 죽음을 알리는 것부터 우리의 모든 행동을 지켜봅니다. 반려동물의 죽음을 자유롭고 공개적으로 알리는지? 아니면 그것은 결코 언급할 수 없는, 입에 담지 못할 일이라고 생각하는지? 최근 펫로스 모임에 참여한 한 여성은 그녀가 열 살 때 개가 죽은 후, 그 개의 존재가 가족사에서 어떻게 지워졌는지 얘기해주었습니다. 그녀의 부모님은 아이들에게 개를 기억에서 잊어버리는 게 좋을 거라고 말했다고 합니다. 개와 같이 찍은 모든 사진을 버리고, 개에 대한 기억을 없애기 위해 전력을 다했으며, 개의 죽음과 관련된 감정을 공유하는 건 '버릇없는' 행동으로 간주되었다고 말이죠.

그 여성은 반려동물을 잃고 애도하지 못한 일이 그녀에게 어떤 영향을 줬는지 말해주었습니다. 남자친구와의 이별 등 인생의 모든 불쾌한 변화에서 '절대 일어난 적 없던 척하기'를 적용하려 했다는 겁니다. 그리고 마지막으로 키웠던 개가 죽으면서 느낀 압도적인 고통이 그 침묵의 규칙을 깨뜨렸다는 사실과 현재 그녀가 느끼게 된 놀라운 편안함에 대해서도 들려주었습니다.

아이들에게 가르쳐주어야 합니다. 아무리 속이 상하는 일이라도 언제든지 함께 이야기할 수 있다는 사실을 말이죠. 어떤 일이든지 공유하고 이야기를 나누면 그것이 우리에게 끼치는 영향력을 약화시킬 수 있습니다. 대화는 어떤 일이 일어났는지 살펴보게 하고 그 일에 함께 대처할 수 있도록 해줍니다.

대화를 하다보면, 아무리 괴로운 일도 우리 삶의 큰 맥락 속 한 편에 자리를 잡죠. 그럼 보다 쉽게 이해가 되고 마음을 회복시킬 수 있습니다. 무언가를 논의할 수 없는 것으로 치부한다면, 자녀들에게 그건 엄청나고 무시무시하며 극복할 수도 해결할 수도 없는 거라고 알려주는 것과 마찬가지입니다. 아이들이 무언가를 잃었을 때 대처할 수 있는 능력을 저해하죠. 반려동물의 죽음처럼 인생에서 충분히 일어날 수 있는 정상적인 일들을 그저 부정하고 거부해야 한다고만 가르치는 것입니다.

함께 슬퍼하며 우리는 자녀들에게 롤모델이 됩니다. 아이들은 우리가 생각과 감정, 의문들을 어떻게 나누는지 지켜보고 마음에 새기죠. 많은 부모들은 차분하게, 감정을 완전히 절제하는 모습을 보여야 한다고 믿고 있습니다.

"속으로는 울고 싶지만 겉으로는 강하고 아무렇지 않은 듯이 보여야 돼. 그래야 아이들이 내가 의지할 수 있는 든든한 아빠라고 생각하겠지."

물론 부모들이 자녀와 같이 있을 때 거칠게 울부짖고 한바탕 하며 상실감을 터트려야 한다는 건 아닙니다. 이런 행동은 아이를 당황스럽게 할 뿐 아무 소용도 없죠. 그러나 부모가 반려동물이 죽었음에도 괴로운 감정을 보이지 않고 계속 침착한 모습만 보이면, 역시 불행한 영향을 줄 수 있습니다. 상실로 커다란 슬픔에 빠진 아이는 부모가 비슷한 감정을 보일 경우 더욱 고통스럽고 외롭게 느낄 수 있습니다. 하지만 여러분이 행동으로 슬픔을 표현하는 게 "나도 많이 슬프단다"라고 말하는 것보다 아이들에게는 훨씬 의미가 있다는 점을 유념해야 합니다.

제 경험을 말하자면, 솔직하게 반려동물의 죽음을 공유

했던 게 아들 에릭의 상심에 효과적이었습니다. 에릭이 여덟 살이던 어느 오후, 애완용 토끼 도리스가 병이 났습니다. 에릭의 방을 마음대로 뛰어다니던 녀석으로, 우리 모두 집에 있을 때도 멀쩡히 아무렇지 않게 뛰어놀고 있었죠. 도리스는 먹고 마시고 배변하러 자신의 우리로 꼬박꼬박 돌아가는 에릭의 친구였어요.

에릭은 잠들기 전 도리스와 얘기를 나눴고 매일 아침 첫 인사도 도리스에게 했죠. 그런데 한 번도 아픈 기색 없던 도리스가, 그날 오후 설사를 여러 번 하더니 꼼짝 않고 앉아서 이를 갈기 시작했습니다. 그건 토끼가 아플 때 내는 신호였죠. 도리스를 급하게 병원으로 데려가 약을 처방 받았고, 다음 날 아침 다행히 도리스는 훨씬 좋아보였습니다.

그러나 초저녁이 되자 상태는 악화되었어요. 다시 병원에 갈 준비를 했는데, 갑자기 도리스가 손발을 뻗고 몇 번 몸서리를 친 후 죽고 말았습니다. 에릭은 도리스를 조용히 다독거렸고 눈물을 흘렸죠. 저도 같이 도리스를 다독였고 눈물을 흘렸습니다. 저는 에릭을 안으며 도리스가 죽어서 얼마나 슬픈지 말했고, 에릭도 저를 꼭 안고 얼굴을 파묻으며 흐느껴 울었습니다.

우리는 도리스를 몇 번 더 다독이며 같이 울었어요. 도리스가 몸을 뻗은 그 모습은 자고 있을 때의 모습과 별반 다르지 않았습니다. 저는 조심스럽게 도리스의 눈을 감겨 주었죠.

아내를 불러 슬픈 소식을 전하고 도리스를 묻을 계획을 세웠습니다. 저는 에릭에게 도리스를 상자에 넣고 도리스의 침대 물건들과 같이 있게 해주자고 말했습니다. 에릭이 찬성하더군요. 제가 도리스를 신발 상자에 안치하자 에릭은 씹는 막대 몇 개와 건초를 옆에 놓았습니다. 도리스가 건초 먹는 걸 무척 좋아했기 때문에 건초를 꼭 놓아 주고 싶었다는 말과 함께요.

우리는 이따금씩 울고 포옹하며 도리스를 상자에 눕혔습니다. 내 눈물을 보임으로써 에릭도 같이 울 수 있었죠. 제가 냉정을 유지했다면 에릭은 외롭게 슬픔을 경험했을 거예요. 아이들은 부모와 다른 어른들의 행동을 그대로 반영합니다. 우리도 슬퍼한다는 걸 보여주면 아이들은 안심하고 정서적인 지지를 얻을 수 있죠.

## 아이들이 자신을 표현하도록 돕기
우리 아들도 그랬지만 아이들은 대체로 생각과 감정을

자유롭게 표현하는 편입니다. 좋은지 싫은지, 마음속의 얘기를 아주 잘 하죠. 하지만 아주 슬플 때조차 조용한 아이들이 있습니다. 모든 연령의 아이들 대부분이 반려동물을 기리고 작별 인사를 하고자 카드를 만들거나 그림을 그리자는 제안에 좋은 반응을 보이죠. 성인과 마찬가지로, 억지로 아이에게 감정을 표현하도록 하는 건 좋지 않습니다. 대신 기회를 만들어 주고 아이들이 직접 결정하게 해야 합니다.

에릭이 태어나기 전부터 우리는 여러 마리의 고양이들을 길렀습니다. 에릭이 일곱 살이었을 무렵에는 윌리라는 이름의 새끼 고양이를 데려왔죠. 하지만 윌리는 이 년이 채 못 돼서 안타깝게 죽고 말았습니다. 우리가 모르는 사이에 좁은 골목길에 들어갔는데, 그 부지의 전 주인이 쥐약을 뿌려놓았던 거죠.

우리 가족에게는 세상을 떠난 반려동물에게 하는 전통적인 작별인사가 있습니다. 반려동물을 묻기 전, 간략한 '장례식'을 진행하며 작별 카드를 낭독하는 거예요.

에릭은 '좋은 친구가 돼줘서 고마워, 윌리. 우리가 좀 더 오래 함께했으면 좋았을 텐데. 너를 영원히 기억할 거야.'라고 쓴 카드를 낭독했습니다. 그리고는 윌리를 안고 있는 모습, 흔드는 실을 쫓아가는 윌리, 숨바꼭질 하는 윌리와 나 등의 그림으로 카드를 장식했죠. 우리 부부도 각자 카드를 낭독하고 또 서로의 낭독을 들으면서 소리 내어 울었습니다.

## 선택권 제공하기

선택권을 제공하는 게 좋습니다. 다섯 살 난 딸이 너무 슬퍼서 잘 수 없다고 하는 경우를 예로 들어 보겠습니다. 삼십 분 정도 깨어 있다가 자는 것과, 지금 잠자리에 누워 부모님이 읽어주는 책을 듣는 것 중 하나를 골라보라고 하면 어떨까요. 열 살배기 아들에게는 개를 안락사할 때 병원에 같이 가거나 가지 않는 것도 선택하게 할 수 있겠지요. 혹은 대기실에서 기다리거나 마지막 순간에 함께하는 선택지를 주어도 좋습니다. 일곱 살 난 아들에게는 강아지가 사용하던 침대를 지하실로 옮기거나, 당분간은 아들의 침대 옆에 그대로 두는 것 중에 원하는 대로 선택하라고 할 수 있겠습니다.

이런 식으로 아이들에게 선택지를 주는 건 아이들의 감정에 대한 존중의 표시입니다. 또한 자기 통제력을 잃을 만한 시기에 스스로를 통제하고 조절할 수 있는 능력을 회복시키는 데 도움이 됩니다.

## 퇴행은 정상이다

반려동물의 죽음 혹은 그 밖의 흔치 않은 스트레스성 변화를 겪은 아이들은, 이전 발달 단계로 퇴보하는 행동을 보이기도 합니다. 손가락 빨기를 그쳤던 여섯 살 여자아이가 반려동물의 죽음 후 다시 예전 습관으로 돌아갈 수도 있고, 수 년 간 이불에 오줌을 싸지 않던 여덟 살 남자아이가 평생 함께한 단짝이었던 개가 죽은 후 다시 오줌을 싸거나 하는 경우 말이죠.

이러한 일시적 퇴행은 슬픔의 정상적인 일면입니다. 이를 아이들의 괴로움의 징후라고 생각하고 할 수 있는 한 많이 지지해 주어야 하죠. 손가락 빨기나 유아어 말하기처럼 예전에 거쳐 간 모습을 다시 보이더라도 지적하지 말고 아이들의 슬픔에 집중하는 것이 중요합니다.

"줄리야, 많이 속상한 것 같구나, 한번 안아줄까?"

손가락 빨기나 유아어를 직접 지적하지 않도록 해야 합니다. 아이들이 당황할 가능성이 높기 때문이죠. 당황해하면, 속상한 감정이 커질 뿐이고 스스로를 진정시키기 위해 퇴행적 증상이 더 심각해질 수 있습니다. 그저 정서적으로 있는 힘껏 지지해주는 것이 다른 부작용 없이 문제를 해결해 줄 답이죠. 오줌 싸기나 악몽을 꾸는 퇴행적 증상을 보인다면, 우선 아이들이 걱정하지 않도록 안심시켜주어야 합니다.

"걱정 마, 토미. 바우저가 세상을 떠난 것처럼 힘든 일을 겪을 땐 이런 일이 생기는 법이란다. 시트를 새로 갈고 다시 잠자리에 들도록 하자."

세상을 떠난 반려동물의 장난감을 안아야 잠이 온다든가, 실물 크기의 봉제인형을 사서 세상을 떠난 반려동물이 자던 자리에 놓는 어른들도 있습니다.

이런 사례들은 아이들만이 아니라 모든 연령의 사람들이 심리적 충격을 겪을 때 퇴행 증상을 보일 수 있다는 걸 뜻합니다. 우리 모두는 때때로 덜 복잡했던 인생 이전 단계의 행동을 하면서 스스로를 진정시키곤 하죠.

부모로서 역할을 다하는 것보다 더 어려운 책임은 없습니다. 우리는 자녀들이 충만한 삶을 살기 위해 필요한 기술들을 배우도록 도와야 합니다. 죽음을 대하는 기술은 매우 중요한 편에 속합니다. 우리는 아이들이 질병, 폭력, 차별 등 불필요한 고통에 직면하지 않도록 힘껏 노력하고 있지만 죽음 그 자체는 예방이 불가능하죠. 그러므로 슬픔을, 상실감에서 치유로 나아가기 위해 필요한 고통으로 볼 필요가 있습니다.

자녀들이 이런 종류의 고통과 만나는 걸 막아줄 순 없지만, 그것을 견뎌냄으로써 스스로를 돌보는 법을 학습하도록 도와줄 순 있죠. 생애를 통틀어 사용하게 될 기술을 가르치는 것입니다.

# 핵심
# 정리

### 1.

아이들은 우리가 슬픔을 어떻게 다루는지 주의 깊게 지켜봅니다.

### 2.

슬픔을 솔직하게 공유해야 합니다. 울고 싶으면 우세요. 극심한 공황 상태가 아닌 이상, 솔직함을 보이는 게 아이가 슬픔을 외롭게 느끼지 않도록 해줍니다.

### 3.

아이들에게 사실대로 알리세요. 죽음을 알려주고 작별 인사를 하게 해야 합니다. 숨기려 하면 아이들이 없는 사실을 만들어 낼 수 있습니다. 그런 식의 공상과 오해는 아이들에게 더욱 해로울 수 있죠.

### 4.

아이들에게 선택권을 제공하는 건 통제력이 매우 중요한 이 시기에 스스로를 컨트롤 할 수 있다는 자신감을 줄 수 있습니다.

### 5.

아이가 퇴행적 증상을 보인다면 당황해하지 않도록 사려 깊게 배려 해주어야 합니다.

# 10
## 남겨진 반려동물의 몸은 어떻게 할까

가족이 사망하게 되면 우리는 그 다음 진행될 일에 대해 미리 계획을 세웁니다. 고인이 남긴 지시에 따르기도 하죠. 그러한 차후 계획은 오랫동안 지켜온 종교, 문화 및 가족 전통에 따라 세워지는데, 반려동물이 죽었을 땐 그렇지 않습니다.

일부 반려인들은 미리 계획을 세우는 반면, 대다수는 사전에 전혀 대비하지 않은 상태에서 남겨진 반려동물의 몸을 어떻게 처리할지 결정하죠. 이에 관한 다양한 견해와 우리가 고려할 수 있는 선택지들을 자세하게 얘기해보고자 합니다.

먼저, 전통적으로 시신을 처리할 때 필요한 고려사항들을 알아보기로 하죠. 이것은 반려동물의 유체를 처리하는 방법을 고르는 데 도움이 됩니다.

우리는 시체를 세 가지 목적에 맞게 처리합니다. 첫 번째는 위생입니다. 건강에 해롭지 않도록 땅 속 깊은 곳에 묻거나(매장) 불에 태워서(화장) 장사를 지내죠. 두 번째는 시신을 보살피고 관리할 때 갖는 정중함과 존중심입니다. 마지막으로, 고인의 사망 사실을 인지하고 그 삶을 축복하며 우리가 슬픔에서 벗어나 앞으로 나아갈 수 있도록 지내는 추모 의식이나 장례식이죠. 종교에 따라, 장례식은 고인의 영혼을 신의 보살핌에 맡기는 일을 수행하기도 합니다.

시신을 처리할 때 우리가 고려하는 사항은 위생, 정중한 취급, 중요한 의식인 거죠. 세상을 떠난 반려동물의 경우에는 어떻게 적용되는지 알아봅니다.

### 위생 관련

위생이 중요하다는 사실에 반대하는 분은 아마 없을 것입니다. 반려동물의 유체를 얼마 동안 보관해야 한다면, 냉장이나 냉동으로 보관해야 하죠. 우리는 며칠 동안이나 반려동물의 유체를 차고나 침실, 물고기의 경우에는 심지어 베개 밑에 보관했던 사람들을 본 적이 있습니다.

위 사례 모두 말씀 드리고 싶지 않은 불쾌한 결과를 초래했습니다. 여러분이 다음 수순을 결정하는 데 시간이 걸린다면, 많은 수의사들이 반려동물의 유체를 냉동실에 보관하는 데에 동의할 것입니다. 반려동물이 말이나 당나귀, 대형견처럼 매우 크다면, 특별한 도움이 필요합니다. 수의사나 반려동물 장례 회사, 지역 동물보호소에서 안내를 받을 수 있습니다.

### 다양한 관점들

반려동물이 남기고 간 몸을 얼마나 소중히 다뤄야 하는지, 장례식 같은 의식을 치르는 것이 얼마나 중요한지, 사람들의 기준과 생각은 제각각입니다. 반려동물이 죽었을 때, 가족이 죽었을 때처럼 집안 관습이나 문화적 전통을 똑같이 따르는 것도 애매합니다. 일반적으로 우리의 전통은 반려동물을 어떻게 하라고 알려주지 않기 때문이죠. 대신, 우리가 가장 편하게 느끼는 게 무엇인지 스스로 결정해야 합니다.

반려동물의 죽음 이후 사람들은 제각각 다양한 감정을 느낍니다. 남겨진 몸은 별로 중요하지 않다고 생각하는 사람도 있을 수 있습니다. 친구의 육체적 잔해를 나비가 날개를 펴고 날아가 버린 후 버려진 빈 번데기 껍질로 보는 거죠. 모든 살아있고 아름다운 것은 사라졌고 빈껍데

기만 남았습니다. 이렇게 느끼는 사람들은 위생을 목적으로 반려동물의 몸을 잘 처리하고 싶어 합니다. 사후 진행 과정을 전적으로 수의사에게 맡기거나, 법적으로 허용되는 곳에 거주하고 있다면 뒷마당에 묻는 방법을 택하기도 하죠. 어떤 이들은 비닐봉지에 싸서 쓰레기통에 버리기도 하는데, 우리는 이 행위가 반려동물을 모독하는 거라고 생각하지는 않습니다. 유체를 더 이상 자신의 반려동물로 간주하지 않고 단지 죽음 이후 남겨진 것으로 보는 시각일 뿐이기 때문입니다.

반면, 사람이 죽었을 때와 똑같이 존중과 배려를 담아 반려동물의 유체를 다루어야 한다고 확신하는 사람들도 있습니다. 이들은 반려동물이 남긴 몸을 떠난 친구의 가장 귀중한 상징으로 삼으며, 시간과 돈을 들여 특별하게 보살피죠. 현재 많은 반려동물 장례 업체들이 상조 업체가 고인을 모시는 것과 동일한 서비스를 제공하고 있습니다. 반려동물 추모공원 안에 어디에 묘지를 만들지, 비석은 화강암으로 할지 대리석으로 할지도 결정할 수 있지요.

화장이나 매장을 하는 대신, 반려동물을 박제나 동결 건조로 보관하는 경우도 있습니다. 동결 건조 방식은 비용이 많이 드는 최신 기술인데, 반려동물의 몸을 얼린 뒤

공기를 넣어 살아있을 때의 모습을 영원히 보존할 수 있습니다.

이 범위 안에서 원하는 선택을 하면 됩니다. 다른 반려동물들과 함께 공동화장을 진행하기도 하는데, 화장을 한 후 재를 굳이 보관하고 싶지 않다거나 반려동물의 재가 다른 동물들과 섞이는 사실에 불편함을 느끼지 않으면 그런 결정을 내려도 괜찮습니다.


### 옳게 느껴지는 대로

"어떤 방식이 가장 편하고 실용적일까?" 질문을 던져보고 따라가 보세요. 정서적인 욕구와 예산을 잘 고려해보고, 이 일이 우리에게 얼마나 중요한지 잘 이해해주는 가족과 친구들과 상의를 하면 좀 더 쉽게 결정을 할 수 있을 거예요. 여기에는 정답이나 오답이 없다는 걸 꼭 기억하세요. 우리 기분에 잘 맞는, 혹은 잘 맞지 않는 선택지만 있을 뿐이죠.

모든 사람들이 반려동물의 몸을 똑같은 방법으로 처리하고 있지는 않습니다. 그때그때의 상황에 맞춰 결정을 내릴 뿐이죠. 저는 키웠던 모든 반려견과 반려묘들이 세상을 떠나면 집 뒷마당에 묻어주었는데, 고양이 릴리가 세상을 떠났을 땐 화장하는 편이 좋다고 생각했습니다. 릴리는 이제 한 줌의 재로 도자기 상자 안에 담겨 우리 집 서랍장 위에서 푹 쉬고 있어요.

실용성 역시 주요한 고려사항이 될 수 있죠. 많은 이들이 이사를 하면 속상하기 때문에 살고 있는 곳에 반려동물을 묻을 수 없었다는 이야기를 해왔습니다. 아파트에 거주하는 이들은 이용할 만한 땅이 없어 매장이 불가능하기에, 반려동물 추모공원에 묻거나 화장을 해서 재를 집에 보관하곤 하죠. 많은 반려인들이 비용 상의 이유로 혹은 겨울에 땅이 얼어 무덤을 팔 수 없어서 동물병원에 유체 처분을 맡기기도 합니다.

한 부부는 세상을 떠난 닥스훈트를 화장할지, 동결건조할지, 몇 주 동안 논쟁을 벌였습니다. 낸시는 동결건조를 한 후 어떻게 할지 생각해보자고 했죠. 동결건조 후 언제라도 다시 화장을 할 수 있으니까요(화장을 하고 나면 다른 선택을 할 수 없다). 덕분에 그들은 결정을 내리고 슬픔에서 서서히 벗어날 수 있었습니다.

낸시의 이야기를 통해 우리는, 반려동물이 한 사람 이상의 보호자를 남기고 떠날 때 유족들이 온화하게 서로 협의하는 게 얼마나 중요한지 깨닫습니다. 서로 의견이 일치하지 않을 때 어떤 이가 반려동물의 몸을 어떻게 처리하느냐에 가장 예민하게 느끼고 있는지 고려해보시길. 이 일이 무척 절실한 이에게 그렇지 않은 이가 양보해주면 좋겠습니다.

결정하는 데 기한을 정해두는 것도 도움이 될 수 있습니다. 한 여성은 떠나간 개에게 마지막 작별 인사를 하는 게 몹시 괴로웠다고 해요. 결국 십팔 개월이나 지나서야 반려동물 추모공원에서의 장례식 및 매장 일정을 결정할 수 있었다고 합니다. 장례 업체 직원들은 반려견을 해동하고 단장해서 관에 안치한 후 장례식을 수행했죠. 이 일련의 과정에 그녀는 깊이 만족했지만, 죽은 반려견의 모습을 너무 오랜만에 대면하자 예상보다 심한 충격이 왔다고 하네요. 장례식을 조금만 더 일찍 결정하고 진행했다면, 슬픔의 지속기간이 더 짧았을지도 모르겠습니다.

### 신중하게 선택한 사람들만 참여시키기

많은 사람들이 아직도 동물들의 생명을 경시하기 때문에, 반려동물의 화장이나 장례식을 언급했을 때 불쾌한 반응이 이는 걸 경험할 수 있습니다. 이에 지지해주는 사람들을 신중하게 고르고 그들하고만 상의함으로써, 더 큰 괴로움을 피할 수 있죠. 이 모든 고민과 결정들이 마음을 회복하기 위한 것이지 토론에서 이기거나 사람들의 생각을 바꾸기 위한 게 아님을 기억하시길.

장례식처럼 공식적인 의식을 치러서 반려동물의 죽음을 기념할 것인지도, 반려동물의 남겨진 몸을 떠나보내는 일과 관련해 결정해야 할 주요사항 중 하나입니다.

핵심
정리

1.

위생은 가장 중요하게 고려해야 할 포인트입니다. 반려동물의 몸을 어떻게 보낼지 결정하는 데 시간이 걸린다면, 꼭 냉동하여 보관하시길. 동물병원이나 반려동물 장례 업체에서 도움을 얻을 수도 있습니다.

2.

무엇보다도 자신이 편하게 느껴지는 대로 결정하시길. 위생적인 문제를 제외하고는, 반려동물이 남기고 간 몸을 처리하는 방법에 옳고 그름이 따로 없습니다.

3.

반려동물의 삶에 함께한 모두가 장례에 대한 결정도 같이 하도록 해야 합니다. 의견이 엇갈린다면, 반려동물의 몸을 가장 염려하는 이의 소망을 존중해서 그가 가장 좋은 해답을 찾을 수 있도록 해야 합니다.

# 11
# 장례식, 추모 장소 및 그 외 추모식

세례식, 졸업, 생일 파티, 결혼, 기념일, 장례식 같은 의식들은 어떤 일을 분명히 인식하고 축하하며 앞으로 다가올 변화에 대처할 수 있도록 도와줍니다. 음악이나 낭독 등의 상징적인 활동이 포함된 이런 의식들은 우리의 감정을 풍성하게 하죠.

결혼식을 떠올려보면, 예식이 시작할 때 흐르는 음악, 신랑신부 행진, 혼인서약서 낭독……. 이런 요소들이 우리를 감동시키고 신혼부부에 대한 기쁨과 희망의 감정을 자극합니다. 작은 아이가 어느새 어엿한 청년이 되어 결혼하는 걸 보자니, 세월이 얼마나 빠른지 이유 모를 슬픔과 향수가 느껴지기도 할 겁니다. 한 시간 남짓 진행되는 결혼식은 기분을 최고조에 달하게 합니다. 이 새로운 변화를 함께 치러내고 한 층 더 풍요로워진 일상으로 돌아갈 수 있는 거죠. 의식이란 게 주요한 삶의 변화를 이해할 수 있도록 도와주기 때문에, 많은 이들이 세상을 떠난 반려동물을 위해 장례식을 하기로 결정합니다.

## 반려동물을 위한 장례식

장례식은 원하는 대로 단순하게 혹은 복잡하게 구성하면 됩니다. 참석한 사람들이 죽은 반려동물을 위한 편지, 카드, 짧은 에세이 등을 낭독하는 순서가 있는데, 기도문이나 영감을 주는 글도 괜찮고, 반려동물과 함께해서 고마웠던 점을 나눌 수도 있겠습니다. 관에 안치했거나 화장을 한 반려동물의 몸, 반려동물을 떠올리게 하는 물건이나 사진 같은 것을 놓기도 하죠. 영화 〈말리와 나〉에 나온 장례식 장면이 좋은 예가 될 수 있겠네요.

장례식에서 사랑을 표현하고 반려동물을 떠나보내는 동작을 상징적으로 수행해보길. 촛불을 밝혀 꺼질 때까지 태우기, 헬륨가스 넣은 풍선 날려 보내기, 참석자들이 반려동물의 몸이나 사진 위에 꽃을 바치기, 종이나 영결 나팔 등 애절한 음색의 악기 연주하기, 향 피우기, 모래 위에 그림 그리고 지우기, 물이나 술을 땅에 뿌리기 등이 있죠. 살고 있는 곳에 따라 장난감 보트 같은 것을 강이나 바다에 띄어 보낼 수도 있겠습니다.

자신의 취향과 감정에 맞는 방식으로 반려동물과의 관계를 기릴 수 있도록 장례식을 설계하면 되겠습니다. 애디론댁 산맥에서 골든 리트리버와 하이킹하며 시간을 보냈던 한 남성은, 함께 걷곤 했던 오솔길을 연상시키는 마른 나뭇잎과 가지를 개의 장례식에 장식해둔 사진 아래에 놓았다고 합니다.

많은 이들이 장례식에 반려동물이 좋아했던 장난감, 목걸이, 목줄을 가져오는데, 아이들이 반려동물을 추모하며 그림을 그릴 때 도움이 되죠. 사람 장례식을 할 때처럼, 음악 역시 중요한 역할을 할 수 있습니다.

반려동물 장례 업체의 도움을 받기로 했다면, 업체에서 입관과 안치, 예식, 음악에 걸쳐 다양한 장례식 서비스를 제공해줄 겁니다.

어떻게 하기로 결정했든지 간에 장례식 자체는 간략하게 하고 장소를 옮기는 편이 좋은데, 반려동물 묘소 앞에서 장례식을 했다면 이어지는 순서는 식당이나 정원에서 하는 식으로 말이죠. 장소를 이동함으로써 장례식이 끝났다는 걸 알려주는 것이 되죠.

책의 서두에서 나의 유년기 시절 최고의 친구였던 개 지크의 장례식을 언급했었는데, 그때 친구의 어머니는 현명하게도 장례식이 끝나자마자 우리를 아이스크림 가게로 데려갔습니다. 우리의 관점을 상실의 아픔에서 추억의 기념으로 돌린 거죠. 여러분 역시 반려동물 장례식이 끝난 후 함께 식사를 하며 비슷한 방식으로 관점을 전환할 수 있습니다.

### 추모를 위한 특별한 장소

반려동물을 떠나보낼 때, 반려동물을 기억할 만한 특별한 장소나 물건을 만들어두면 마음을 치유하는 데 도움이 됩니다. 반려동물의 묘소나 화장한 유골을 보관한 장소가 그 역할을 할 수 있겠습니다. 반려동물 묘소와 관련 없는 추모 장소를 따로 만드는 분들도 있는데, 친구를 기념할 수 있게 관목이나 나무를 심어 추모 정원을 만드는 거죠.

반려동물을 추모할 공간을 집 안에 장식하는 건 어떨까요. 많은 이들이 반려동물 사진과 물건으로 '제단'을 만듭니다. 반려동물의 재나 털을 담은 용기를 올려둘 수도 있고요.

### 추모 물품

반려동물을 떠오르게 하는 기념품을 몸에 늘 지니고 다

니는 이들도 있습니다. 최근 우리 펫로스 모임에 참여하는 이들을 보니, 반려동물의 재를 넣은 작은 펜던트를 목에 걸고 다니기도 하는 것 같더군요.

많은 사람들이 반려동물 사진을 지갑 안에, 또 휴대전화나 그 밖의 전자 장치 안에 지니고 다닙니다. 어떤 이들은 반려동물의 털을 휴대하거나 반려동물 목걸이 안에 이름과 주소, 보호자 이름을 적은 태그를 가지고 다니기도 하고 추모 반지나 펜던트를 착용하기도 합니다. 이런 물건들은 큰 위안이 되죠.

## 봉사 단체에 기부하기

많은 사람들이 반려동물 이름으로 동물보호단체에 기부하며 반려동물을 추모하는데, 이러한 단체들에는 미국 동물학대방지협회, 동물애호회, 지역 동물 보호소 및 동물 구호 단체들이 있습니다.

상심을 나선형 치유로 상상하면, 상실을 반복적으로 경험하여 재방문하도록 우리를 감동시킵니다. 새로운 관점을 제공하며 한 걸음, 두 걸음 더 큰 평화로 나아가게 하여 우리를 돕죠. 이 장에서 설명한 활동은 장례 의식과 추모식 만들기, 나선형 치유에 있어서 통찰할 점입니다. 일부는 여러분의 기질 및 삶의 상황과 잘 맞을 수 있고 일부는 그렇지 않을 수 있는데, 우리는 이것들을 여러분과 여러분이 사랑하는 이들에게 최적의 의식과 추모를 할 수 있는 출발 지점으로 제공하고자 합니다.

1.

장례식을 수행해 정식으로 작별인사를 하는 게 좋습니다.


2.

반려동물을 위한 특별한 추모 장소를 만드는 게 좋습니다.


3.

기질과 상황에 맞게 의식이나 추모식을 만드세요. 다른 대부분의 상심 과정처럼 어떤 것이 최선인지가 중요할 뿐 방법에 있어 옳고 그름은 없으니까요.

# 12
# 다른 반려동물을 데려와야 할까

펫로스 모임에 참여하는 많은 사람들이 언제 새로운 반려동물을 맞이하는 게 좋을지 질문해옵니다. 짐작하겠지만, 우리의 대답은 '상황에 따라 다르다'이죠. 고려해야 할 부분들을 살펴보도록 합시다.

## 동기를 솔직하게 판단하라

상심의 고통은 너무나 강렬하기 때문에 여러분은 그것을 피하기 위해 할 수 있는 노력은 다 할 것입니다.

고통을 뛰어넘을 수 있는 방법이 있는데 비통하게 슬퍼할 사람은 없을 것입니다. 새로운 반려동물을 들이는 게 그 방법이라고 생각하는 사람들이 있습니다. 새 반려동물이 상실한 반려동물을 대체하고 상심을 없애리라 생각하지는 않겠지만, 새로운 반려동물을 돌봄으로써 주의를 분산시키고 상심도 끝낼 수 있으리라 생각하는 거죠. 여러분이 이 경우에 해당된다면, 부디 재고를 당부 드립니다.

떠나간 친구가 남긴 공허감을 채우는 대신 이런 동기로 행동하면, 새로운 반려동물은 반드시 그 반대의 역할을 하게 됩니다. 이전 친구와 다르다는 사실에 아무런 대처도 할 수 없는 새 친구는, 상실감을 더욱 확대시킬 뿐이고 여러분은 불만족에 휩싸일 수 있습니다.

"수지는 마루에 쉬 한 번 한적 없고 말도 잘 들었는데, 넌 왜 그러니?"

이런 일이 생기지 않도록 하세요. 그 대신 왜 새 반려동물을 원하는지 솔직하게 판단해 보세요. 이런 경우 속을 터놓고 말할 수 있는 상대와 상의하는 것이 좋습니다. 상심에 빠져있을 때 새 반려동물을 집에 들이는 건, 보람이 적을 수 있는 반면 상실한 반려동물에 대한 애도는 계속될 수 있습니다.

상실 후 얼마 있어 반려동물을 들이는 게 전혀 문제가 없을 수도 있습니다. 많은 반려인들이 반려동물의 부재에 따른 장소와 물품의 흔적, 도움이 필요한 반려동물의 보살핌을 이유로 새 반려동물의 입양을 결정합니다. 그들은 새 반려동물이 어떤 때는 상심을 강조하지만 또 어떤 때는 기분을 나아지게 한다는 점을 알고 있습니다.

한 여성은 키우던 고양이가 죽은 후 보호소에서 새끼 고양이를 입양했습니다. 혈기왕성하고 문제도 많이 일으켰지만(커튼으로 나무타기를 할 줄 누가 알았겠습니까?) 이 작은 친구는 많은 웃음을 가져다 줬죠. 밤에는 그녀에게 바싹 파고들어 큰 위안을 줬고, 여전히 상심에 빠져있긴 했으나 그녀의 슬픔을 덜어줬습니다.

적절한 시기 선택으로 모든 것이 달라질 수 있습니다. 새 반려동물을 집에 들이는 것은 세상을 떠난 반려동물에 대한 훌륭한 증거가 될 수 있는데, 그들이 남긴 큰 사랑 덕분에 여러분이 새 친구를 빨리 맞이하고 싶어지는 거죠. 하지만 여러분과 새 반려동물 모두를 위해 감정적 준비는 분명히 하는 것이 좋습니다.

## 활력 수준 평가하기

정서적 부담 외에, 현실적인 고려도 함께 할 것을 권합니다. 세상을 떠난 반려동물이 노령견이었는데 8주 된 강아지 입양을 제안 받았다면, 훈련에 얼마나 많은 노력이 들지 고려해 봐야 합니다. 강아지는 잘 훈련된 성숙한 개들에 비해 훨씬 많은 것을 요구합니다. 상심은 활력을 감소시키는 경향이 있는데, 여기에 더 많은 스트레스를 초래하는 건 여러분의 삶에 결코 도움이 되지 않겠죠.

## 충동적 결정 피하기

그 어느 때보다 지금, 충동적인 결정에서 스스로를 보호해야 합니다. 상심의 감정적 롤러코스터가 성급한 의사결정을 부추길 수 있음을 유념하세요. 취약하다고 느낀다면, 시간이 많이 지날 때까지 반려동물 용품점이나 동물보호소는 가까이 하지 않는 편이 좋습니다.

가정에 영향을 미칠 수 있는 결정에 그들을 참여시키세요. 배우자 혹은 자녀에게 시간이 좀 더 필요하다면 그들의 감정에 따르세요. 언제나 새 반려동물 입양을 지연할 수 있지만, 한 번 집으로 들이면 되돌릴 수 없으니까요. 새 반려동물을 들이는 건 언제나 중대한 결정이에요. 깊이 생각한 후 내리는 결정은 관련된 모두에게 혜택을 줄 겁니다.

## 시간이 친구가 되게 하라

상심할 때, 시간을 친구로 받아들이세요. 시간은 상심의 고통을 치유하는 데 필수적이고, 새 반려동물을 결정하는 데에도 시간은 여러분의 굳건한 편입니다. 지연으로 해를 보는 일은 없습니다. 오히려 모든 혼란으로부터 여러분을 지키죠.

반려동물의 죽음과 새 반려동물 입양 간의 적절한 시간은 앞서 논의한 요인에 따라 다양할 수 있습니다. 매우 많은 문제들이 상심과 연관되어 있는 만큼, 쉽게 해결할 순 없죠. 여러분에게 맞는 것이 다른 이에게는 그렇지 않을 수 있습니다.

기질과 삶에서의 상황이 개인과 가족에게 있어 최선을 정하는 요인이 됩니다. 저를 포함해 많은 사람들이 한 마리 이상의 반려동물을 키우고 있는데요. 현재 우리 집에는 세 마리의 개와 두 마리의 토끼, 세 마리의 병아리가 있습니다. 그중 한 마리가 죽으면, 새 반려동물을 데려오거나 또는 데려오지 않는 선택을 하겠죠. 저는 배우자와 상의해 결정하거나 그 당시에 무슨 일이 일어날지를 고려해 결정하겠습니다.

일부는 새 반려동물을 절대 들이지 않겠다고 맹세하는데 몇몇은 실제로 그렇게 합니다. 상실의 괴로움을 또 겪을 수는 없다고 생각하기 때문이죠. 그중 고령의 분들은 작은 집으로 이사를 가거나 건강상의 이유로 반려동물을 돌보는 책임을 더 이상 질 수 없다는 결론을 내립니다.

새 반려동물을 들여야 할지, 들이게 되면 언제 들여야 할지에 대한 질문은 필요와 삶의 상황에 대한 사려 깊은 고찰이 요구됩니다. 사랑하는 이들과 그 장단점을 상의하는 게 좋을 것입니다.

1.

동기와 전체적인 삶의 상황, 사랑하는 이의 감정을 탐색하세요.

2.

충동적인 결정을 피하세요. 동물 보호소나 반려동물 용품점 및 그 밖의 여러분이 거절하기 힘든 반려동물을 팔거나 입양하는 장소들을 방문하지 않도록 하세요.

3.

불확실할 경우, 좀 더 시간을 들여 생각하세요.

4.

마법의 공식은 없지만, 위의 요점들을 주의 한다면 적절한 때가 언제인지 알 수 있을 것입니다.

# 13
## 상담사에게 상담받기

"죽은 고양이가 너무 보고 싶어서 수면제를 한꺼번에 먹을 뻔한 적이 있어요."

"여동생이 차에서 저를 기다리고 있어요. 제가 토끼를 잃은 뒤 플로리다에서 차를 몰고 달려와 줬죠. 제가 더 이상 자살할 생각을 하지 않을 때까지 있을 거예요."

"저는 억지로 몸을 이끌고 오늘밤 여기 나왔습니다. 요즘 제 모습으로 참석했다간 쫓겨날 것 같아서 3주 만에 처음으로 샤워를 했지요. 직장도 빠졌고 거의 아무것도 먹지 못했어요. 패럿이 죽은 후 계속 울기만 했어요."

반려인들이 이런 얘기를 꺼낼 때 낸시와 저는 집단 상담에서 받는 도움 이상이 필요함을 눈치 채고 개인 상담을 강력히 권고합니다. 여러분이 스스로를 해칠 수 있고, 아침에 일어나기, 섭식, 자녀 돌보기 등의 기본적인 일상생활을 할 수 없을 정도로 정서적 고통을 느낀다면, 정신

건강 전문가의 도움을 받아야 합니다.

2주 이상 이 같은 수준의 낙담이 지속된다면 더욱 강력한 권고를 필요를 느낍니다. 고통의 강도와 지속기간은 정상적인 상심과 임상적 우울 간에 차이를 나타냅니다. 다시 한 번 강조하지만, 자신이나 타인을 해칠 위험이 있고 기본적 일상생활을 할 수 없으며 계속적인 정서적 고통을 2주 혹은 그 이상 느낀다면, 임상적 우울증 진단의 기준에 일치하므로 모든 진단 평가를 받아볼 권리가 있습니다.

'권리'라는 단어를 사용했는데, 많은 사람들이 이런 종류의 권고를 들으면 기분 나쁘게 생각하기 때문입니다. 그들은 자신들이 실패자 혹은 병약한 사람으로 보인다고 느낍니다. 이러한 증상들을 보인다면, 자가 질문을 해보세요. 우리 모두는 가능한 최고의 건강을 누릴 자격이 있지 않은가? 건강이 안 좋아지면 모두 검진을 받지 않는가?

우울증 치료는 약 처방에 상담사의 상담이 따르는데, 높은 효과를 입증 받았습니다. 이에 반대되는 어떠한 확실한 논쟁도 발생한 적이 없죠.

정상적인 상심을 경험하는 대부분의 사람들이 상담사를 찾지 않고도 좋아지는 반면, 극단적인 경험을 하지 않은 사람들도 심리 치료사와의 상담으로 도움을 얻기도 합니다. 상담은 유익한 통찰을 가져오죠. 다른 곳에서는 얻을 수 없는 조언들을 얻고, 많은 지지를 받을 수도 있고요. 상담사는 삶의 큰 위기를 이겨나갈 수 있도록 도와주죠. 펫로스에 있어서도 확실히 그래요.

유념해야 할 한 가지 중요한 점이 있는데, 정신 건강 전문가들 역시 일반인들과 다를 바 없는 편견을 갖고 있다는 거예요. 일부는 펫로스로 인한 상심을 잘 이해하지만, 다른 일부는 펫로스 후 이어지는 정상적인 상심에 익숙하지 않아서 여러분의 증상을 오해할 수 있습니다. 어떤 경우 정상적인 상심을 정서 장애로 진단할 수도 있죠.

우리 모두가 가능한 최고의 도움을 받을 권리가 있습니다. 그러므로 상담사는 신중하게 탐색해 찾아야 합니다. 여러분이 상담사에게 특별한 경험을 제공한다는 걸 유의하세요. 그들이 여러분의 상심이라는 매우 중대하고 사적인 문제를 도울 수 있도록 할 것입니다.

가능하면 신뢰하는 사람들로부터 도움을 구하세요. 근로자 지원 프로그램을 제공하는 직장에서 일하고 있다면, 상담 전문가가 신뢰할 수 있는 조언자가 될 것입니다. 또 그는 유사한 상담 경험이 있는 지역 상담사에게 여러분을 연계할 수 있죠.

연속적인 상담을 갖기 전에 상담 받을 한 명이나 그 이상의 상담사와 면담을 해보세요. 그에게 펫로스 내담자와 상담한 경험이 있는지 물어보세요. 내담자가 갖고 있는 다른 문제들을 어떻게 도왔는지, 그들의 전체적인 접근 방법에 대한 설명을 요청하고 전문가 경력과 제공하는 서비스에 대한 모든 질문을 해보세요. 여러분이 선택한 전문가는 여러분이 유례없이 힘든 시기에 보기 드문 사적 문제를 가지고 있음을 예상할 것입니다. 그들의 전문가 경력과 접근 방법을 여러분과 기탄없이 공유하는 건 매우 합리적인 일입니다. 연구 결과에서 알 수 있듯, 상담 효과를 예측할 수 있는 가장 좋은 방법은 상담사와 내담자의 관계의 질이죠. 면담에서 느껴지는 점에 특별한 주의를 기울이는 건 당연한 일입니다. 여러분을 편안하게 하는 동시에 자신의 조력 능력에 확신이 넘치는 상담사에게서 최고의 결과를 얻을 수 있을 것입니다.

낸시와 저는 정신건강 돌봄의 제공자이자 수혜자로서 개인적 경험을 통해 심리치료의 가치를 보증합니다. 또한 현장에서 수년간 일한 상담사, 지도 감독관으로서, 저희 동료들이 모든 갖가지 직종들을 아우르고 있음을 말씀드립니다. 신중하게 상담사를 선택하는 건 여러분의 몫입니다.

정상적인 상심은 비록 괴로울 수 있더라도, 삶이나 생계를 위협하지는 않습니다. 정신건강 전문가와 상담하는 건 전혀 해롭지 않지만, 대부분의 상심은 그럴 필요가 없습니다. 반려동물을 떠나보낸 많은 반려인들이 상담사의 도움을 받지 않죠. 그 결과 더 나빠지지는 않지만 혹여 파괴적인 충동이나 기능상의 붕괴에 직면한다면, 보기 드문 괴로움과 개인을 위험에 처하게 할 정도의 특별한 상심을 겪고 있다고 말할 수 있습니다.

정신건강 전문가를 찾아서 종합 진단을 받고 그들의 권고를 따르세요. 그렇게 하는 게 여러분을 실패자나 병약한 사람, 미친 사람으로 만들지 않습니다. 오히려 전문가의 도움을 받기로 결정하는 건 건강한 판단력의 소유자가 할 수 있는 일입니다. 누군가의 도움이 필요할 때 도움을 모색하는 자발성은 삶의 가장 중요한 기술 중 하나가 아닐까요?

1.

상심으로 2주 이상 정상 생활을 할 수 없거나 자기 파괴적인 생각이
일 경우 상담사와 상담을 해야 합니다.

2.

우울증은 매우 효과적으로 치료될 수 있습니다.

3.

상담사는 정상적인 상심에 도움을 줄 수 있습니다.

4.

상담사나 모든 조력 전문가를 신중하게 선택하세요.

# 14
# 기쁨이 다시 찾아온 걸 환영하기

저희는 많은 분들에게서 기쁠 때 죄책감을 느낀다는 얘기를 들었습니다. 이상하게 들릴 수 있겠지만, 많은 이들이 반려동물의 죽음 이후 행복한 순간이 찾아오면 어김없이 죄책감을 느낍니다. 그들을 끈질기게 지배해온 슬픔에서 벗어나는 기쁨의 순간을 열망하지만 말이죠.

"이런 때에 어떻게 행복을 느낄 수 있지? 나는 정말 끔찍한 사람이야!"

모든 기쁨의 순간에 죄책감이란 반발이 뒤따를 텐데, 이 패턴을 잘 지켜보고 저항하세요. 긍정적인 기분이 결코 친구의 추억을 배신하지 않는다는 확실함으로 자신을 지키세요. 오히려 긍정적 기분은 여러분이 반려동물과 공유한 기쁜 관계를 기립니다.

떠나간 친구가 원하는 것은 무엇일까?

다음의 실험을 해보세요. 도움이 될 겁니다. 세상을 떠난 반려동물이 여러분의 행동을 지켜보고, 여러분의 생각과 감정을 꿰뚫어보고 있다고 상상해보세요. 그들은 여러분이 이웃의 새 강아지를 다독일 때 같은 기쁨의 순간을 보내고 있습니다. 그런데 기쁨을 느끼자마자 죄책감으로 낙심하여 스스로를 무정하고 이기적이라고 욕 한다면, 여러분의 친구는 어떤 느낌이 들까요? 그들이 당신에게 원하는 것은 무엇이겠습니까?

그 대답은 명백해요. 여러분의 친구는 분명 여러분이 행복하길 원할 것입니다. 그들은 여러분이 기뻐하는 모습을 보고 행복하고, 여러분이 기쁨에서 등 돌리는 모습을 보고 슬퍼할 거예요.

친구와의 저녁 외출, 더 늘어난 휴가 여행, 새 반려동물의 환영 같이, 떠나간 반려동물의 부재로 발생된 행복에도 똑같이 작용됩니다.

여러분 친구의 소망은 여러분의 행복이 질투나 비통함때문에 변질되지 않는 것이에요. 사랑은 그런 식으로 작용하지 않습니다. 그들은 여러분이 행복의 모든 조각을 환영하기를 바랍니다. 여러분의 친구는 이렇게 말할 거예요. '기쁨에는 잘못이 없다'

핵심
정리


1.

기쁨을 느낀 후 죄책감을 느낄 수 있습니다.


2.

여러분의 행복은 반려동물의 추억을 무시하는 게 결코 아님을 스스로
에게 확신 시키세요. 행복을 느끼는 게 그들을 덜 사랑했다는 의미는
아닙니다.


3.

세상을 떠난 친구가 여러분에게 원하는 것이 무엇인지 스스로 질문해
보세요.


4.

기쁨을 환영하는 건 결코 친구의 추억을 배신하는 것이 아닙니다.

# 15
## 상심의 교훈 유지하기

    상심이 끔찍하게 생생히 느껴진다면 이 장은 잠시 내려 놓아도 좋습니다. 저희는 이 장에서 상심이 우리를 변화 시키는 방식과 그 결과로 배울 수 있는 교훈을 얘기 하려 고 합니다. '배울 수 있는'이라고 했는데, 많은 사람들이 주의를 기울이지 않고 인생을 변화시킬 수 있는 지식을 무시하기 때문입니다.

    이 장에서 공유할 내용이 아주 새로운 건 아닐 수 있습 니다. 많은 이들이 이 지식을 알고 있지요. 하지만 그것은 마음 뒤편에 감추어져 있습니다.

    그들은 상심을 통해 알게 된 것들을 말로 표현하지 않 고 마음에 새기지 않으며 추후 행동을 결정하는 데 사용하 지도 않습니다. 학습한 것을 행동으로 옮기는 건 실제적인 이득이 되는데, 저희는 이것을 성취하는 데 도움이 되고자 합니다. 우선 자주 오해하는 부분부터 시작하기로 하죠.

## 상심에서 정상으로 돌아온다?

많은 사람들이 질병에서 회복하는 것과 같은 식으로 상심에서 회복될 것을 짐작합니다. 그들은 어느 정도 상심을 겪은 후에 '정상으로 돌아가게' 되리라 생각하죠. 이런 예상은 감기에는 맞을지 모르겠지만, 상심에는 적합하지 않습니다. 밤중에 상심이 말끔히 사라지고 반려동물이 죽기 전과 같은 기분으로 아침에 일어나는 것을 기대해서는 안 됩니다. 대신, 상심과 함께 살아가는 게 점점 쉬워짐을 느낄 것입니다.

어떤 날은 떠나보낸 친구의 기억으로 슬퍼지는 반면, 야외에서 즐겁게 놀았던 일, 코를 골거나 그르렁거릴 때의 사랑스러운 모습, 귀 뒤를 긁는 걸 참 좋아했었지 같은 여러분을 웃게 만든 추억들이 떠올라 웃음 짓기도 합니다.

상심의 고통에 변화가 생기면서 여러분에게도 변화가 일어납니다. 사랑, 열정, 인내 그리고 자신을 돌보는 교훈을 힘들게 터득하고 상심이 시작된 곳에서 벗어나 비로소 다른 곳에서 다시 시작할 수 있게 됩니다. 낸시와 저는 여러분이 얻은 모든 유익함을 유지하는 데 도움이 되고 싶습니다. 다음에 이어지는 내용은 상심의 교훈과 그 교훈들이 생생히 살아 있도록 하는 조언입니다.

## 무엇보다 사랑을 우선할 것

"잃어버리기 전까지는 그 가치를 모른다"라는 속담은 상심이 전하는 가장 중요한 교훈을 담아내고 있습니다. 마음 깊은 곳에서는 항상 알고 있었지만 중요한 상실 이후 겪는 상심은 그 교훈을 견딜 수 없을 정도로 생생하게 만들죠.

낙담 중에, 우리에게 가장 소중한 이와 공유한 사랑이 얼마나 소중했었는지를 그 어느 때보다도 깊이 느끼게 됩니다. 우리는 잃어버린 친구와의 얼마 안 되는 순간이라도 무엇과도 바꾸려 하지 않을 것입니다.

이 교훈을 언제까지라도 여러분 가슴에 새겨 앞으로 나아가는 데 있어 방해가 되는 일상의 복잡한 일들을 예방할 수 있기를 바랍니다. 낸시와 저는 그렇게 해결하신 분들을 알고 있죠. 방법의 선택에 있어서 작은 차이가 날 수 있지만, 습관을 만드는 건 성공의 열쇠가 됩니다.

한 여성은 낸시에게 말하길 매일 아침 몇 분 간 화장실 거울에 비친 자신을 향해 사랑한 사람들과 반려동물들의 이름을 큰소리로 불러본다고 합니다. 그날 호명한 이름들 중 한 명 혹은 몇몇에게 그녀의 사랑을 보여주기 위해 무슨 행동을 할까 결정한다는 군요. 하루의 끝에서 그녀는 다시 화장실 거울 앞에 서서 얼마나 잘 완수했고 또 느낌은 어떠했는지 되돌아본다고 합니다.

한 남성은 달력에 그날 다정하게 대할 두 명의 이름을 적는다고 합니다. 그 임무를 완료한 후에는 그 이름들을 지우고 임무 완료 후의 감상을 음미한답니다. 그는 최근 저에게 "이런 건 정말 간단해요. 제 고양이를 안아준다든가 턱을 긁어주고 얼마나 사랑하는지 말해주는 정도죠. 어떤 때는 한동안 소식을 못 들은 친구에게 이메일을 보내서 그가 제게 얼마나 소중한지 전하기도 합니다. 그들에 대해 깊이 생각해 보는 건 정말 기분 좋은 일 같아요." 라고 들려줬습니다.

저를 포함한 우리들 대부분이 사랑하는 이들을 당연하게 받아들이는 경향이 있습니다. 상심은 이런 식의 안주에 이의를 제기합니다. 이 교훈을 마음 속 깊이 간직한다면, 다른 이들을 향한 사랑의 표현이 일상의 우선순위에 놓이게 될 것입니다.


### 큰 그림에서 보기

상심은 애정 어린 관계를 절대적으로 우선시하라고 강조하지 않습니다. 직장에서 일어나는 일들, 가벼운 사고,

가족과의 작은 말다툼이나 다른 골칫거리 등 모든 일에 거리를 둘 수 있게 합니다. 상심은 이 모든 일들을 사소하게 만들죠. 우리 대부분은 항상 그래야 한다는 것에 동의합니다.

매우 진지하고 심각하게, 상심은 삶의 중요한 문제와 죽음 그리고 사소한 일들과의 차이를 알려줍니다. 하지만 슬프게도 상심이 약화됨에 따라 이러한 관점을 유지하기는 어렵습니다. 오늘날의 빠르게 돌아가는 스트레스 충만한 세상에서, 사람들은 작은 사고도 터무니없이 부풀려 불필요하게 속상해 합니다.

기분 나쁜 일이 생기면, 다음 질문이 거시적 관점을 재생하는 데 도움이 될 것입니다. 2주 후에도 문제시 될 일인가? 6개월 후 어떤 변화가 있을까? 1년 후에는 기억이나 할까? 상심은 실제의 우선상황 안에서 교훈을 제공합니다. 여러분이 알게 된 것을 마음에 간직해보세요.


### 연민과 용서에 숨어있는 힘 지각하기

우리는 반려동물의 일상적인 모든 요구에 책임이 있기 때문에, 그들의 죽음은 항상 어느 정도 죄책감을 남기게 됩니다. 대부분이 자신에게 연민과 용서를 베풀기 힘들어

하지만, 반려동물이 병들고 나이를 먹으며 삶을 앗아간 사고를 당하는 건 우리로서 어떻게 할 수 없는 일입니다. 무언가 할 수 있다 해도 매우 제한적일 뿐이죠. 실수로 반려동물의 죽음에 실질적인 책임이 발생해도, 여러분이 완벽하지 않다는 점과 인간은 때때로 실수를 저지르며 최선의 의도에도 불구하고 치명적인 결과를 초래할 수 있음을 받아들여야 합니다. 거기엔 더 큰 힘이 필요하다는 걸 유념하세요.

상심은 우리가 제한된 영향만을 행사 할 수 있는 예측 불가한 세상에 살고 있기 때문에 자신과 다른 이를 향한 연민과 용서가 옳은 일임을 알려 줍니다.

여러분이 주의해서 귀 기울인다면, 이 교훈은 다른 이들과의 갈등을 포함한 여러분 인생의 접근법을 바꿀 수 있을 것입니다.

여러분은 선의의 해석을 좀 더 확장해 가며 그 가치를 배울 수 있지요. 사람들은 최선을 다하고 무시에 앞서 연민과 용서를 먼저 구한다고 생각해 보세요.

알렉산더 포의 자주 인용되는 "실수는 사람이 하지만 용서는 신이 한다."라는 말이 여기에 적용됩니다. 이 메시지를 적은 표지판이나 그 비슷한 것을 차나 직장의 책상,

냉장고에 장식해 두면, 상심의 아픔을 가라앉히는 이 교훈이 생생하게 유지되는 데 도움이 되지 않을까 싶네요.

## 인내 연습하기

최근에 반려동물을 잃은 사람이 여러분에게 얼마나 오랜 기간 상심했는지 물었을 때, "아주 오래요."라고 대답해도 괜찮습니다. 상심은 인내에 있어 자발적인 교훈을 줍니다. 우리는 반려동물 상실 이후 뒤따르는 충격과 혼란, 기억력 감소, 수면 장애, 풀리지 않는 문제 반복 및 전체적인 불확실함의 기복이 빨리 사라지길 학수고대하며 할 수 있는 만큼 인내합니다.

아무도 이 교훈을 반기지 않지만, 상심은 시간과 기대와의 새로운 관계를 연습하도록 돕습니다. 점차적으로 경감의 정도를 인식하고 상실의 고통을 가라앉히는 마법 같은 시간의 힘을 경험하며, 나중에 가서는 결국, "이것도 지나가리라"는 옛말을 믿게 됩니다.

인내는 여러분이 통제할 수 있는 것과 없는 것의 차이를 인식하면서 시작됩니다. 교훈은 여러분이 어느 정도 통제할 수 있는 상황에서만 행동하고 통제할 수 없는 건 변화시키길 포기하기로 했을 때 더욱 깊어지죠.

평화의 기도를 잘 아시는 분들은 이 메시지를 이해할 것입니다. 이 메시지는 우리 모두를 이롭게 하죠. 하지만 가장 깊은 곳에서 인내는 시간을 친구로 인식하도록 가르칩니다.

이러한 문제들을 처리하고자 최선을 다할 때 비로소 시간은 보상을 할 것입니다. 우리는 여러분이 이 교훈을 계속해서 유지하기를 바랍니다. 저같이 참을성이 거의 없는 경우, 여러분을 사랑하고 존중하는 다른 이들의 지지를 통해 인내력을 증진시킬 수 있습니다. 여러분이 성취하고자 하는 욕구를 설명한 후에, 이 특별한 사람들은 여러분이 취할 행동에 현실적인 기대를 할 수 있게 도울 것입니다.

그들은 변화시킬 수 없는 것들을 포기할 때 뒤따르는 안도감을 맛보고, 통제 가능한 것에 모든 힘을 집중할 수 있도록 격려하죠. 또한 불확실함과 원하는 결과를 얻기 위해 걸리는 시간 동안 느끼는 두려움을 견디는 방법을 찾도록 도우며 인내심을 연습하도록 지지해 줍니다.

### 감정 파악하기

상심은 우리가 살면서 꼭 배워야 할 감정의 급류를 발생시킨다는 점에서 감정 상의 특별훈련이라고 할 수 있습니다. 어떤 이들은 이 기술을 이미 습득한 반면, 어린 시절부터 격렬한 감정에서 느끼는 불편함을 회피하도록 배운 사람들도 있습니다. 그들은 특별히 배울 필요가 있을 듯합니다.

크게 외치건 글로 적건 머릿속에서 정리해 보든 간에, 상심은 감정과 말의 연결이 주는 유익함을 알려줍니다. 반려동물을 '간절히 염원'하거나 다시 볼 수 없다는 사실에 '낙담'하는 것에 대한 표현은 최소한 통제 가능한 수단이 될 수 있습니다.

이는 통제 불가능해 보이는 정서적 고통의 맹공격을 좀 더 쉽게 인내할 수 있는 개별적이고 식별 가능한 감정으로 바꾸죠.

이러한 이유로, 불만, 짜증, 실망, 당황, 슬픔, 혼란, 죄책감, 무력감, 배신감, 행복, 흥분, 열광 등의 감정을 말로 표현하는 것은 삶의 중요한 기술이 되고, 지치거나 혼란스러울 때 느끼는 감정을 표현함으로써 이 교훈을 계속 유지할 수 있습니다.

머릿속에서 이 질문에 대답하며 마음속에 떠오르는 말들을 적어 보세요. 아마 가장 좋은 방법은 신뢰하는 친구에게 하는 표현이겠죠. 감정을 덜 괴롭히며 처리할 수 있

거니와 최악의 상심과 그 밖의 모든 다른 일들을 겪을 때
역시 적용할 수 있습니다.

## 매 순간 소중히 하기

반려동물의 상실은 우리 모두가 제한된 시간 속에 있음
을 깨닫게 합니다. 여러분은 어떨지 모르겠지만 저는 요
즘 시간이 점점 더 빠르게 지나간다고 느낍니다.

저를 포함한 많은 이들이 시간이 자신의 것은 아니라고
느낄 겁니다. 낸시와 저는 컨베이어 벨트 위에 갇힌 것처
럼 방향이나 속도를 통제할 수 없고 내릴 수도 없이, 삶이
자신들을 운반해 가는 느낌을 받는 많은 이들을 상담했죠.

많은 것들이 통제 밖에 놓여 있지만, 가능한 한 언제나
주도권을 선취함으로써 삶의 중요한 기회를 만들 수 있습
니다.

몇 년 전에 한 친구가 "영원히 살 것처럼 꿈꾸고, 내일
죽을 것처럼 살아라."라고 새겨진 석조 명판을 제게 가져
다 줬습니다. 그 명판은 제 책상 위에 놓여 언제나 저를
일깨워줍니다. 저는 의식과 목적을 갖고 살며 이 말에 따
르고자 합니다.

의식을 갖는다는 건, 현재에 뿌리를 내리고 살기 위해

노력하고 동반자들과 연결되어 있음을 되새기며 지금 하는 경험에 주목함을 뜻합니다.

목적을 가지고 산다는 건, 이 책을 특정한 날짜에 완성하는 것과 같은 측정 가능한 목표를 세워서 계획적이고 의미 있게 느끼는 방식으로 세상에 기여하는 걸 뜻합니다.

마음 챙김, 목표 설정과 같은 도구들은 집중하기와 계획하는 데에 도움이 되고 여러분들에게도 효과가 있습니다. 분산, 복잡함, 목표의 변경이 끊임없이 발생하지만, 이 실천들을 마음에 굳건히 간직해 저는 현재로 돌아갈 수 있으며 목적을 갖고 미래를 향할 수 있습니다.

## 회복력 기르기

반려동물의 죽음을 견뎌내는 능력은 회복력을 증명합니다. 처음에 여러분은 "어떻게 내가 이걸 견딜 수 있지?"라고 질문했을 것입니다.

이제, 상심이 좀 더 견딜 만한 것이 됐고 여러분은 대답할 수 있을 테죠.

시간을 내서 여러분이 한 모든 일을 숙고해 보는 건 앞으로 나아가는 데 있어 큰 도움이 될 것입니다. 아마 사랑하고 존중하는 친구들과 좀 더 많은 시간 보내기, 떠나간 친구에게 편지 쓰고 큰소리로 낭독하기, 새로운 명상법 배우기, 요가, 규칙적인 걷기 등이 있지 않을까요.

지역 동물 보호소에서 자원봉사를 시작했거나 지역 종교 활동에 좀 더 참여 했을 수도 있을 것이고 일이나 쇼핑에 파묻히기, 술 마시기로 도망가지 않기 등으로 슬픔이나 죄책감을 감내하기 위해 열심히 노력했을 겁니다.

시간을 내서 여러분이 이 어려운 시간에 스스로를 보살피고자 실습하고 연마한 힘들을 되돌아보세요.

인내하며 역경에서 되돌아 갈 수 있게 하는 능력인 회복력은 그냥 생기지 않습니다. 바로 여러분이 취하는 행동으로부터 나옵니다. 회복력을 성취와 인생 모두에 있어 중요한 기술로 생각하는 한편 이 지점까지 오게 한 여러분의 실천이 계속 되기를 바랍니다.

상심은 우리로 하여금 나선의 고통을 통과하게 합니다. 고통에 붙들리길 원하는 이는 아무도 없지만, 어렵게 얻은 상심의 교훈은 반려동물이 남긴 가장 귀중한 선물 중 하나가 될 수 있습니다. 이 교훈을 주위를 분산시키는 이 세상의 끊임없는 요구에 던져버리지 마세요. 인생을 사는 법에 대해 여러분이 배운 교훈들을 굳건히 지켜 나가세요.

1.

상심은 시간이 지나면 줄어들지만 회복되는 건 아닙니다. 대신, 여러분은 변하고 배우며 강하게 성장합니다.

2.

상심은 사랑, 관점, 연민, 용서, 인내, 감정의 언어, 시간 그리고 회복력에 대한 중요한 교훈을 알려줍니다.

3.

일상의 문제들에 휘말려 이 교훈들을 무시하지 않도록 하세요.

4.

마음과 머리에 이 교훈을 새기고 잘 활용하도록 하세요.

# 16
# 펫로스 모임 녹취록: 전형적인 집단 상담

마지막 장에서는 전형적인 펫로스 집단 상담을 재구성해 봤습니다. '남을 몰래 관찰하는' 관점을 제공하며 이러한 상담이 얼마나 효과가 있는지 알려줍니다. 또, 참석자들과의 대화는 주의가 좀 더 필요하거나 책에서 다루지 않았거나 다른 것과 맞지 않는 문제들을 제기합니다.

있는 그대로의 대본이 아닌 극화한 것으로, 이 책의 다른 곳에서와 같이 실제의 인물과 발언을 공유했으나 세부 내용은 정보 보호를 위해 변경했습니다. 일부 사례의 경우, 한 가지 이상의 실제 사례를 통합해 구성하기도 했습니다.

여러분 지역에서 펫로스 상담을 찾을 수 있으면 한번 참여해 보세요. 혼자만 상심에 떨고 있지 않다는 걸 알게 될 겁니다. 또 많은 것을 얻을 수 있을 겁니다. 여러분이 겪은 일들을 즉시 이해할 사람들을 만날 수도 있죠. 많은 사람들에게서 얻은 깊은 이해는 뜻밖의 커다란 위안을 안겨주기도 합니다.

강렬하고 유사한 경험은, 비교적 낯을 가리는 사람들도 속마음을 털어놓게 하는 안도감과 지원 받는 느낌을 비롯한 특별함이 있습니다.

진행자는 토의를 위한 구조를 만들고 대화를 주의 깊게 모니터링하며 내용과 흐름을 결정하지만, 진행자의 말이 아닌 사람들이 서로 주고받는 피드백이 집단에 커다란 치유 효과를 일으킬 것입니다.

### 녹취록

다음은 저의 상담 중 한 회기 내용입니다.

켄: 여러분 환영합니다. 저는 켄 돌란-델 베키오 라고 합니다. 오늘 저녁 이 모임의 진행을 맡았습니다. 저는 가족 상담사로서 다국적 기업인 '건강과 복지'에서 부사장으로 있으면서 직원 조력 프로그램을 운영하며 정신건강 관련된 일을 하고 있습니다. 이 모임을 십 년 동안 진행해왔는데 지금까지 반려동물과 가족으로 지내왔습니다. 현재는 집에 개 두 마리와 토끼 두 마리, 병아리 세 마리가

있습니다.

저희는 매주 첫째, 셋째 화요일 저녁 일곱시 반부터 아홉시까지 모임을 진행합니다. 제가 셋째 화요일에, 저의 동료 낸시 색스턴은 첫째 화요일에 진행을 맡죠. 낸시는 1990년 펫로스 프로그램을 조직해서 현재까지 계속 이어오고 있습니다.

나중에 오실 분이 있지만 시작을 하겠습니다. 여러분도 아시다시피, 이 모임은 매우 개방적입니다. 멀리서 오신 분들, 혹은 바쁜 일정 때문에 늦게 도착하시거나 좀 일찍 가셔야 하는 분들이 있습니다. 저희가 사정을 잘 알고 있으니까 여러분 편의에 맞춰 참석하시면 되겠습니다. 어떤 분은 몇 개월 혹은 그 이상 모임에 오시기도 하고 또 어떤 분은 한 번에 두 번씩 오시다가 그 뒤에는 한 달에 한 번 정도 오시는 분도 있습니다. 여러분 좋으실 대로 하는 게 저희에게도 좋습니다.

저희가 이 모임을 하는 건 상실을 겪을 때 주위에서 충분히 지지해주는 분들이 없기 때문입니다. 사람과의 사별에도 충분한 지지를 받지 못하는데 반려동물을 상실했을 경우는 더욱 그렇습니다. 이 모임은 반려동물 상실을 겪은 분들과 함께합니다. 여기 모인 분들은 반려동물을 최근에 잃었거나 곧 세상을 떠나려 하는 반려동물과 함께 하고 있습니다. 몇몇 분들은 자신들이 내린 선택과 안락사에 대한 우려 때문에 오시기도 했죠.

반려동물을 상실하거나 도둑맞아서 오시거나 반려동물이 죽거나 죽을 것 같아서가 아닌, 얼마 전에 겪은 반려동물의 죽음으로 인한 슬픔이 너무 깊어 도움을 청하려 오신 분들도 있습니다. 이 모임에서 여러분들은 서로 지지하고 질문을 하거나 답하며 다른 분들은 어떻게 이 어려움을 극복했는지 알아보고, 또 혼자가 아님을 알게 되어 위안을 얻게 되실 겁니다.

제가 방을 한 바퀴 돌며 모두의 이름을 호명할 텐데, 그러면 서로의 이름을 기억할 수 있을 테지요. 제가 처음 뵙는 분인데 이름을 잘못 부르면 정정해 주세요. 이름 외우는 것에 약해서요. 또 아시겠지만 이름을 잘 외우시는 분들도 상심 중에는 단기 기억에 문제가 있을 수 있습니다. 그런 이유로, 만일 다른 분의 이름을 틀리게 말했더라도 그냥 다시 물어 보세요. 그분들도 괜찮아 하실 겁니다. 자, 그럼 여기 제프, 모린, 엘리스, 그리고 전에 몇 번 참석하신 적이 있는 샤론과 칼, 수잔, 또 오늘 처음 오신 폴릿을 소개합니다.

전에 참석하신 적이 있는 분들 중 한 분이 먼저 시작해 주시면 진행에 도움이 될 것 같습니다. 처음 오신 분들께 처음 모임에서 경험한 걸 말씀해주세요. 또 언제부터 참석하셨는지 말씀해 주시면 감사하겠습니다.

제프: 그럼 제가 먼저 시작하겠습니다. 제 이름은 제프고, 일 년여 전에 제 고양이 바슬리가 죽은 뒤에 모임에 참석했습니다. 저의 한 살 먹은 다른 고양이 체셔의 신장이 기능을 전혀 못하게 되면서 지난 몇 개월 전부터 다시 모임에 나오고 있습니다. (눈물을 흘리고 코를 푼다)

수의사는 체셔가 고통이 있더라도 심하진 않을 거라고 했지만, 지난 며칠 동안 급속도로 나빠졌어요. 먹지도 못하고 움직임도 둔하고 걷는 것도 봉제인형 같았죠. 아직 살아있는데 벌써 애도하고 있는 느낌이 들어요. 체셔가 떠났을 때 좀 더 쉽게 보낼 수 있지 않을까 생각돼요.

폴릿: 그런 힘든 시간을 보내셨다니 정말 안타깝네요, 제프. 이런 말 하기 싫지만, 저의 개 슈나우저는 이 주 전에 죽었지만 저는 몇 달 전부터 준비하고 있었어요.

육 개월 전에 암 진단을 받았고 말기가 될 때는 정말 죽어가는 게 눈에 보였거든요. 우리가 개를 잃게 된다는 걸 받아들이려 애썼지만, 실제로 세상을 떠났을 땐 정말이지 일 톤짜리 벽돌에 맞는 느낌이었어요.

켄: 두 분이 하시는 말씀 모두가 중요합니다. 반려동물이 죽는다는 사실을 알았을 때, 그건 크나큰 상실로 다가옵니다. 그들이 살날이 몇 년 정도밖에 안 남아 있다는 걸 잊고 지내다가 실제로 죽음을 맞이하면 완전히 새로운 상실감이 덮쳐 오죠. 일부는 첫 예상을 '미리 하는 상심'이라고 부르는데, 반려동물의 죽음을 알게 된 결과로 일어나는 상심이기 때문이죠. 그 후 실제로 닥친 죽음으로 여러분은 충격을 받게 됩니다.

반려동물이 아무 경고 없이 죽는다면 두 번째 상심은 덜 심할 수 있지만 아무도 장담할 수 없습니다. 가족이 알츠하이머나 암 말기와 같은 진단을 받았을 때 받는 충격과 유사합니다.

폴릿: 말씀에 동의해요. 제가 지금 느끼는 것보다 더 나쁜 상황은 상상이 안 돼요. 매티가 아무런 조짐 없이 죽었다면 더 속상할 수도 있었겠지만, 더 속상하다는 게 뭔지

상상이 안 가네요.

제프: 친구가 죽게 된다는 것을 아는 건 힘든 일이죠. 또 실제로 잃는 건 더 힘든 일인 것 같습니다. 그래도 이 것에 대해 얘기 하고 다른 사람들의 얘기를 듣는 것은 정 말 큰 도움이 되네요.

칼: 이런 얘기 하는 게 조금 죄송하지만, 저 같으면 개 가 실제로 죽는 것, 진짜로 죽었다는 걸 아는 게 지금 상 태보다 나은 것 같아요. 저에겐 부메랑이라는 이름의 다 섯 살짜리 예쁜 개가 있었어요. 어느 날 집에 와보니 공동 주택의 현관이 열려 있고 부메랑은 없었습니다. 모든 게 그대로였는데, 부메랑만 없어진 거였죠. 아직도 어떻게 된 건지 모르겠어요.

경찰에 신고해서 보고서를 작성하고 근처의 모든 보호 소에 전화해 봤지만 부메랑을 찾을 수 없었어요. 이웃 누 구도 보지 못했다고 하고요.

앨리스: 세상에! 저희는 오래 전에 앵무새를 아파트에 서 자유롭게 돌아다니게 키웠는데요. 깜빡 잊고 창문을

열고 우리를 청소하다가 그만 날아가 버리고 말았죠. 그런 불확실한 상황과 그 뒤에 따라오는 죄책감보다 나쁜 건 없는 것 같아요.

샤론: 제 아들 가족이 몇 년 전에 캠핑을 갔는데 아주 귀엽고 어린 골든 리트리버를 데리고 갔었죠. 그런데 어떻게 하다가 가족들하고 떨어져 숲으로 들어가게 됐나 봐요. 다시는 찾지 못했어요. 아들이 그렇게 속상해 하는 건 처음 봤어요. 확실히 알지 못하는 건 정말 힘든 일이에요. 그는 쿠거나 곰이 잡아갔다, 굶어 죽었다 처럼 온갖 무시무시한 얘기를 계속 했어요.

켄: 샤론과 앨리스, 과거에 일어난 얘기를 공유해 주셔서 감사합니다. 제 생각에 요점은 여러분과 칼에게 일어난 불확실성인 것 같네요. 결과를 알 수 없는 것보다 나쁜 건 없죠.

칼: 정말 그래요. '만약'이라는 것에서 벗어날 수가 없더라고요. 슬픈 일이든 나쁜 일이든, 최소한 무슨 일이 일어났는지 알면 그 사실 자체로 의지가 될 것 같아요. 아무

것도 모른다는 건 최악의 상황인 것 같네요.

켄: '만약에'라는 상황이 많을 때 상심은 어떻게 진행된다고 생각하시나요?

샤론: 모든 걸 더 어렵게 만드는 것 같아요. 제 아들 가족이 강아지의 죽음으로 엄청난 충격을 받았었지만, 그 상처는 결국 무뎌졌어요. 다른 모든 죽음들처럼요.

앨리스: 어떻게, 또 얼마나 오래 자신을 자책할 수 있겠어요? 나중에는 창문을 열어 놓은 것에 대한 죄책감에 모두 지치고 말았어요. 우리는 우리에게 일어난 일 속에서 살아갈 수 있도록 얘기를 만들어 내기로 했죠. 저와 남편은 서로에게, 우리 앵무새 판쵸가 멀리 멕시코로 날아가서 잘 살고 있다고 얘기해요. 사실이 아니라는 걸 잘 알지만, 그래도 견디기 쉽게 해주죠.

모린: 결과가 어떻든지 간에 아무튼 힘든 일인 것 같아요. 실제 무슨 일이 일어났던 건지에 대해 말씀하고 계시지만, 사 개월 전에 죽은 제 차우차우 쥬얼이가 목숨을 앗

아간 고창증(鼓脹症)을 겪는 것을 보느니 차라리 실종되는 게 더 낫지 않나 싶어요.

갑자기 괴로워하고 비명을 지르며 신음하더니 바닥에 누워서 발길질을 시작했죠. 차에 태우려고 했는데 들 수가 없었어요. 어찌나 아파하던지 만지기만 하면 물려고 해서요.

고통으로 제 정신이 아니었던 거죠. 마침내 수의사가 우리 집에 왔지만, 이미 심해질 대로 심해져서 거의 죽을 것 같았어요. 나중에 알게 됐는데 고창증 때문에 심장 발작이 왔던 거였죠.

정말이지 끔찍했어요. 눈에서 그 장면을 지우는 게 정말 힘들어요. 여러분이 말씀하셨지만, 그가 사라져서 무슨 일이 생겼는지 몰랐으면 차라리 더 좋지 않았을까 하는 생각도 했었어요.

제가 얻은 결론은, 힘듦의 정도는 사랑하는 이를 잃는 방식과 아무 상관이 없다는 거예요. 어떠한 죽음이라도 정말이지 너무 힘이 들어요!

칼: 모린, 악몽 같은 시간이었겠어요. 말씀을 들어보니 부메랑의 실종을 다른 관점에서 생각해 보게 하네요. 모

린이 겪은 고통은 시간이 지나면서 조금씩 줄어들 수 있으리라 생각합니다. 저는 매일 같은 질문을 던지지만, 샤론과 앨리스 얘기처럼 질문들은 차츰 오래되고 익숙한 것이 되어 갑니다. 언젠가는 그것들에 완전히 익숙해져 전처럼 자주 질문하지 않게 될 날이 오겠죠.

켄: 상심에 대해 제가 이해한 한 가지 방식은, 여러분이 상실을 부메랑의 실종, 체셔의 임박한 죽음, 쥬얼의 고통스런 죽음처럼 감정적으로 곱씹는 거예요.

여러분은 자신들에게 이랬다면, 이러지 않았더라면, 수의사가 왜 이러지 않은 건지를 묻습니다. '이랬더라면'을 되풀이하는 거죠. 더 이상 할 수 없을 때까지 여러분이 보고 듣고 느낀 것을 계속해서 상기합니다.

혼자서, 또 여러분을 사랑하고 신뢰하는 사람들의 도움으로 이 끔찍하게 슬프고 생생하게 고통스러운 사실이 점점 무뎌지고, 덜 아프고 옛날 일이 될 때까지 곱씹기를 계속하는 겁니다. 이런 강렬한 감정의 분출이 해소된 뒤에야 다른 것들에게 신경을 쓸 수 있게 되는 거죠.

(많은 사람들이 동의하며 고개를 끄덕임)

모린: 저나 제 남편 같은 사람은 자녀가 있는 사람들 보다 반려동물이 죽었을 때 훨씬 더 슬퍼하는 것 같아요. 우리 개는 우리 아이나 다름없었는데, 그 죽음을 받아들일 때 우리를 특이하게 만들지 않았나 싶어요.

제프: 저도 같은 의견입니다. 부모님께 제 고양이가 아이와 같다고 말씀드렸거든요. 저는 현재 자녀가 없고요.

켄: 누구 자녀가 있는 다른 분 없으신가요? 제 의견도 말씀드리겠지만 먼저 말씀하실 분이 계실 것 같아서요.

폴릿: 저는 두 명의 다 큰 자녀가 있습니다. 둘이 중학교에 다닐 때 첫 번째 슈나우저였던 지그문트가 죽었어요. 저는 너무 슬퍼서 한동안은 아이들을 돌보기 위해 자신을 상기시켜야만 했어요. 개에 대한 저의 사랑은 아이들에 대한 사랑과 비슷하면서 달랐죠. 개의 죽음으로 받은 상심의 충격을 아이들을 잃을 때의 충격과 비교할 수는 없을 것 같아요. 상상하기도 싫네요. 그 슬픔의 성격은 다르다고 생각합니다.

샤론: 제 경우에도 비교할 수 없을 것 같아요. 아이들 중 한 명이 죽는다면 세상이 끝난 것 같이 느끼겠지만, 반려동물이 죽는다면 한 시기가 끝났다고 느낄 것 같아요. 반려동물은 인간보다 수명이 짧아요. 그들을 많이 사랑하지만 아이를 잃을 때의 느낌과는 엄청난 차이가 있습니다.

켄: 저도 동의합니다. 반려동물이 죽었을 때 매우 슬픔에 빠졌습니다만, 아이들을 잃는다고 생각하면 도저히 견딜 수 없을 거예요. 수년간의 경험으로 알게 된 건, 일반적으로 부모들이 겪는 아이의 죽음과 독신자들이 겪는 반려동물의 죽음으로 받는 괴로움이 유사하다는 거예요. 다만 아이와 반려동물을 함께 키우는 부모의 경우, 자녀를 잃을 때의 괴로움이 반려동물을 잃었을 때보다 훨씬 심하죠.

제프, 부모님께 당신의 고양이가 자녀와 같다고 말씀드린 건 굉장히 좋았다고 생각해요. 부모님께서 당신이 그들을 어떻게 생각하는지 알 수 있을 거예요. 반려동물과 감정적으로 이어지지 않는 부모와 독신들은 자신들의 반려동물을 자녀에 비교하죠. 이런 비교가 반려동물에게 쏟는 모든 사랑과 관심을 짐작하게 합니다. 그러나 부모 역할에 대해 우리가 아는 바에 따르면, 상당한 추정일 수 있어요.

수잔: 약간 특이한 질문이 있는데요. 제 고양이 제리가 삼 주 전에 죽고 나서 고양이 재거가 낙담에 빠져 있어요. 처음에는 제가 슬프니까 그 아이도 슬프다고 생각했는데, 볼 때마다 제리가 잘 앉아 있던 창문틀에 머리를 대고 있는 게 너무 쓸쓸해 보여요. 그도 역시 제리를 위해서 슬퍼하고 있는 걸까요?

제프: 분명히 그렇다고 생각해요. (다른 사람들도 동의하며 고개를 끄덕임) 바슬리가 죽었을 때 체셔도 몹시 슬퍼했어요. 먹지도 않고 힘도 없고 슬퍼 보였죠. "어떻게 고양이가 슬퍼하지? 이 남자 좀 이상하네." 이렇게 생각하시겠지만요.

샤론: 아니요, 그렇지 않아요. 무슨 말씀인지 다 알아요! (모두 고개를 끄덕임)

제프: 알겠습니다. 누구와 말하는 건지 잠시 잊은 것 같네요. (웃음)

폴릿: 저희는 질리언이라는 또 다른 슈나우저가 있었는데, 매티의 죽음을 잊어버린 듯했죠. 오히려, 다른 개와 우리를 공유하지 않아서 더 행복한 것 같았어요. 하지만 다른 개, 고양이들은 동료를 잃었을 때 충격에 빠진다는 걸 알아요. 가정에 따라 죽음을 알아차리는 반려동물의 정도가 다른 것 같아요.

켄: 저도 그렇게 생각합니다. 반려동물은 슬퍼하는 것처럼 보이기도 하지만 또 죽음에 별로 영향을 받지 않는 것 같이 보이기도 하죠. 반려동물이 상심을 느낄 때 어떤 도움을 주시나요?

앨리스: 제 토끼 플러스터의 경우, 여동생 폼폼이 삼 개월 전에 죽었을 때 상당히 속상해 했어요. 그래서 플러스터에게 더 신경을 써줬는데 그게 도움이 됐던 것 같아요.
(모두 동의하며 고개를 끄덕임)

샤론: 저희도 비슷했어요. 남아 있는 반려동물들에게 특별히 다정하게 보살펴 줬던 게 상심 회복에 큰 도움이

됐죠.

제프: 저는 체셔를 더욱 안아줬어요. 그도 저처럼 슬퍼하고 있을 거라고 생각했어요.

수잔: 저도 그렇게 했어요. 재거가 창틀에 있는 걸 봤을 때 다독여주며 "그래, 나도 보고 싶다."라고 말해줬어요. 재거도 분명히 저와 같은 느낌이었을 거예요.

## 후기

모임이 끝나고 다시 차분해지면서 진행을 위해 유지했던 날카로운 주의력이 부드러워지는 걸 느낍니다. 참석했던 모두에게 작별인사를 하며, 긴장을 풀고 정리해야 할 것들을 생각합니다.

떠날 준비를 합니다. 한 남성이 일어나 주머니에 손을 넣어 차 열쇠를 찾고는 제 손을 잡으며 감사인사를 하고 문밖을 나섭니다. 대부분이 작별인사를 하고 방을 떠납니다. 한 젊은 여성은 천천히 울코트를 입으며 머리카락을 흔들어 옷깃 밖으로 내놓습니다. 그녀는 마지막으로 휴지에 코를 풀더니 지갑과 교실에서 돌렸던 사진 앨범이 들어있는 가방을 집어 듭니다. 두 손을 내밀어 제 손을 잡고는 크게 뜬 눈으로 입술에 용감한 미소를 지으며 "감사합니다."라고 속삭이고 떠나갑니다.

혼자가 된 저는 남겨진 물건은 없는지 살펴봅니다. 아무것도 없습니다. 불을 끄면서 방 안의 움직임과 공기의 진동을 느낍니다. 방금까지 떠나보낸 영혼들을 그리워했던 장소 같지 않다고 생각합니다.

주차장으로 이어지는 복도에서 의견을 교환하는 두 명을 지나칩니다. 세 명의 무리가 함께 어울리며 조용히 얘기를 나누고 있습니다. 우리는 서로 손을 흔들어 인사를 합니다. 이곳을 떠나는 건 지속성과 동시에 충족을 가져다줍니다. 많은 것들이 공유됐고 치유 역시 비슷하게 지속될 것입니다.

집까지 걸리는 십 분의 운전 동안 한 번도 혼자라고 느낀 적이 없습니다. 그들과 시간을 보냈던 경험이 마치 차에 모두가 동승하고 있는 것 같은 느낌을 줍니다.

그들의 말이 머릿속에 메아리 치고, 사랑과 고통의 메시지가 반려동물들이 저에게 의미하는 게 무엇인지 생각하게 합니다. 제 반려동물들도요.

잭, 아비게일 그리고 지금부터 몇 분 후 현관문을 열면 저를 신나게 맞아줄 작은 개 이사벨을 생각합니다. 곧 그들의 보송보송하고 따뜻한 머리를 다독이며 뾰족한 귀를 간지럽혀 주겠죠.

우리의 손길은 새롭게 감사하는 마음을 불러일으킵니다. 모임에서 일어난 모든 일들이 이 친구들의 소중함과 함께 있는 시간의 덧없음을 강조합니다. 레지, 피비, 릴리, 다른 떠나보낸 반려동물들을 생각합니다. 제가 함께 그 저녁을 보낸 사람들은, 반려동물들이 죽은 뒤 찢어질 듯한 괴로움만 가득했던 그때 다시 한 번 상심의 기적을 증명했습니다. 저는 궁극적으로 상심이 비통함을 감사로 변화시킨다는 것을 깊이 숙고합니다.

여러분들을 생각하고 현재, 여러분의 상심이 약화될 미래 사이에 있는 고통, 혼란, 분노 및 피로를 덜어드리고 싶습니다. 하지만 소망은 인간의 통제 밖에 있는 힘을 변화시키지 못하기 때문에, 이 책에 쓰인 글들이 다가올 시간 동안 여러분을 도울 방안과 제안을 선사했기를 바랍니다.

낸시와 저는 과연 최악의 고통과 상심에 끝이 있는지 여러 번 자문했습니다. 저희는 확실하게 그렇다고 대답할 수 있습니다. 언젠가 여러분은 떠나보낸 반려동물을 웃으며 회상할 수 있게 되고, 이 글들을 읽으면서도 여전히 생생히 느껴지는 상심이 마침내는 그 순간에 도달하게 될 것입니다. 고통은 점점 더 작아지지만, 반려동물에 느꼈던 사랑은 여러분의 것으로 남아 있을 겁니다.

## 감사의 말씀

### 켄의 감사 인사

낸시 색스턴-로페즈가 반려동물을 상실한 분들을 돕는 작업에 저를 초대했습니다. 이 기회와 그녀의 협력에 항상 감사할 것입니다.

이 프로젝트를 믿고 지원을 보낸 에드 세이레즈와 헤더 캐미사, 노라 파커 및 저희 펫로스 모임을 지원하고 동물과 그들의 동반자들을 위해 최선을 다해주신 성 휴버트 동물복지센터에 감사드립니다.

저의 가족 상담 멘토이자 친구인 모니카 멕골드릭은 큰 그림으로 보고 어떻게 가족, 공동체, 문화 및 역사에 의해 영향을 받는지 가르쳐 줬습니다. 관대하게 지혜를 공유하고 다양한 작업을 지원해준 그녀에게 감사합니다.

이 책에 열정적인 지원을 보인 린 파커에게 감사합니

다. 멀리 살면서도 그녀는 저에게서 멀어진 적이 없습니다. 그녀가 제 친구인 건 매우 행운이라고 생각합니다.

훌륭한 예술가이자 책 표지를 위해 여러 도안을 작업한 패션 디자이너 셀린다 잉글리쉬에게 많은 감사를 표합니다. 신디 피어론은 필요할 때 친구가 진정한 친구임을 몇 번이고 증명했습니다. 파워포인트와 포토샵의 거장으로, 신디는 표지 디자인에 도움이 되는 몇 개의 이미지들을 만들었죠.

릭 케시쉬안은 글로 쓰이기 전부터 이 프로젝트를 응원했고, 펫로스 동반자를 저희 월간 조식 회담의 어젠다 목록에 넣는 것을 결코 잊지 않았습니다. 그의 관심과 지원에 감사합니다.

동료이자 친구인 리치 라스맨에게 감사합니다. 리치는 숙련된 편집자이자 구두점과 문법 편집 및 내용에 대한 제인과 운문을 담당하는 저널리스트입니다.

셜리 크레스치와 저는 매일 함께 일했는데 그녀는 아직 저를 좋아하는 것 같네요. 그녀보다 더 숙련되고 성격 좋은 동료는 바랄 수 없겠죠. 그녀의 파트너십과 원고에 대한 유익한 조언에 감사합니다.

제가 감사를 표하고 싶은 친구들과 동료들은 앤디 크리

턴, 로스베리-요더, 앤디 크루즈, 다이안 해팅거, 주디 마틴, 줄리 부커, 테레사 메시니오, 로베르토 폰트, 마리 힛치먼, 마리엄 배너프티, 로라 도허티, 주드 웸폴, 수지 얼브라잇, 메리 언, 캐서린 러그, 웨슬리 컬, 에드 와 카린 오도닐,재키 휴댁, 세라 스티언슨, 니디아 가르시아 프레토, 글로리아 맥도널드, 카렌 셔넌, 그리고 프레드 레빈입니다. 모두가 이 책이 가능하도록 도왔습니다.

아들 에릭의 모든 생명에 대한 연민과 중요한 질문에 대한 그의 사려 깊은 관심에 감사합니다. 그의 존재는 제가 받은 가장 중요한 선물로, 끝없는 영감을 선사합니다.

에릭의 엄마이자 저의 공동 부모이며 친구인 린 돌란에게 감사합니다. 그녀의 힘과 우아함, 유머 그리고 지혜는 성년기라고 불리는 여행 내내 제게 도움이 됐습니다.

부모님인 바바라와 조셉 델 베치오에게 감사합니다. 그들은 동물들에 대한 겸손과 친절함의 본보기가 되었습니다. 이제는 생의 다음 주기로 전행하셨죠. 당신들은 제 마음에 영원히 계십니다. 데이빗 드러먼드와 그의 파트너 스털링 매켄드류의 우정과 끊임없는 응원에 감사합니다. 그들 없는 제 삶은 훨씬 협소했을 겁니다.

저의 과거 및 현재 반려동물들에게 감사합니다. 핑키,

셰기, 에그리피나, 네로, 멜빈, 헨리, 오헨리, 레지날드, 피비, 미스 멜리사, 릴리, 잭, 이사벨, 아비게일, 솔, 테라, 레이디 드러먼드, 헨리에타 그리고 거트루드는 모두 아름다운 영혼으로 제 삶을 풍요롭게 했으며 사랑의 의미와 상심이 불러오는 치유를 가르쳐 줬습니다.

마지막으로 남편 팀 개럿에게 감사합니다. 팀은 글과 사랑의 마법에 대해 가르쳐 줬습니다. 그는 저의 온기이자 열정, 빛이고 창조성, 사려 깊음 및 제 자신의 사랑과 영감을 넘어선 저의 특별한 사람입니다.

## 낸시의 감사 인사

저의 모든 친한 친구이자 사랑하는 이들에게 감사합니다. 제 유년시절의 개들인 페티, 샌디, 코코아 빈, 피터, 폴, 스키피, 브릭, 블랙키와 스프키과 성년시절 퍼그견으로 장수하지 못한 타쉬(퍼스트 레이디), 노엘(그랜드 데임), 룰루(제 고향친구), 프레드(제 아들) 및 사촌 비어와 특별한 조카 매기, 앵무새 트위키, 헨리 1세. 헨리 2세, 저의 구조 쥐인 래리입니다.

특별히 뉴저지 메디슨에 있는 성 휴버트의 히랄르다에서 1989년 회장이자 CEO를 역임한 에드 세이어스에게 감사합니다. 그와 멕 스트러블(정말 감사합니다!), 노라 파커(정말 감사합니다!)는 필수적인 지원—장소, 광고, 직접 참여하기—을 제공했고 펫로스 모임의 개념을 실제적으로 감동시켰습니다. 그들 없이 뉴저지 주에서 최장기간 지속되는 펫로스 모임이 되기는 힘들었을 겁니다. 헤더 캐미사와 다른 모든 성 휴버트 직원들의 계속적인 지원에 대해 감사드립니다.

또한 저와 함께 1990년 모임을 시작하고 반려동물 상실 상담의 파트너로 12년 간 지원해주신 캐롤린 카펜터 목사님께 감사합니다. 임상과 영적인 길의 결합은 참석자들에게 매우 도움이 됐습니다. 저는 아직도 캐롤린의 영적인 말들을 인용합니다.

이 책의 공동 저자로 저를 초청해 준 켄에게 감사합니다. 그와의 작업과 11년 동안의 펫로스 지원 그룹의 리더십 공유는 멋진 경험이었습니다. 당신과 저는 마음 맞는 동지예요.

DVM의 토니 미엘리에게 수년간의 지원과 저희 원고를 신속히 읽어주고 공개적으로 지지해준 데에 감사인사를 보냅니다. 그는 인간과 동물 유대의 중요성을 믿은 제가 만난 첫 번째 수의사입니다. 그는 제가 그의 브루클린에 있는 병원에서 1990년대 펫로스를 강연할 수 있도록 기회를 줬죠.

팀(켄의 남편), 당신은 정말이지 창조적인 사람이에요! 멋진 표지 감사드려요! 제 사랑하는 퍼그들과 딸 엘리사(저의 영원한 빛이자 퍼그-특히 몰리-를 그녀가 인정하는 것보다 더 사랑하는)를 공유하는 제 남편 피터에게 감사합니다.

저희 가족 경험을 공유하고 항상 편안한 지원을 해주는 사촌 바바라에게 감사합니다. 마지막으로, 지나(항상 거기에 있어주는), 크리스틴(매기의 최고 엄마로서 인간과 동물의 유대를 매우 잘 이해하는), 브랭카에게 감사합니다. 이 세 명의 특별한 친구들은 25년 동안 사랑과 지원을 보내줬습니다.

## 옮긴이의 덧붙임

나에게 있어 크고 작은 모든 동물들은 각각의 다양함
과 아름다운 형태 그리고 매혹적인 태도 등이 하나로
모여 경이로운 대자연의 한 부분이 되어준다. 나는 그
들에게서 대화하고 싶어 하는 갈망과, 사랑을 할 수
있는 진정한 능력을 보게 된다.
-파블로 카잘스


본서의 번역을 처음 제안 받았을 때 얼마나 설렜는지
모릅니다. 당뇨병과 갑상선으로 투병 중인 한 고양이의 반
려인으로서 이 책의 번역은 유익하고 정서적으로도 매우
특별한 경험이었습니다. 인간 나이로 치면 올해 열세 살이
되는 고양이 미남군의 반려인이자 십수 년간 길고양이를

돌봐온 캣맘인 저에게 있어 반려동물을 포함해 동물 보호, 환경 관련 이슈는 오랫동안 중요한 관심사였습니다.

이 책의 저자들인 켄 돌란-델 베치오와 낸시 색스턴-로페즈는 펫로스 증후군으로 고통 받는 사람들을 대상으로 오랜 시간 집단 상담을 이끌어온 전문 상담가로, 그동안의 다양한 실 사례에서 얻은 경험과 통찰, 뼈아픈 교훈 등을 따뜻하면서, 한편으로는 날카롭게 전해줍니다. 두 저자 모두 집에 반려동물이 없었던 적이 없는 열혈 반려인이죠. 그들은 가족과 다름없는, 어떤 면에서는 가족보다 더 진정한 가족의 친밀함을 공유했던 반려동물의 상실 후 슬픔에 잠긴 반려인들의 고통을 올바로 이해하고 경청하며 어루만져 줍니다. 반려인이라면 한 번쯤은 경험해 봤을 테지만 반려동물과 반려인의 비할 데 없었던 그 강력한 유대는 세상에서 그다지 이해받지 못하는 것 같습니다. 일반인은 물론 가족, 친한 친구에게까지도 반려동물은 그저 어떤 한 '동물'일뿐입니다. 없어졌다고 해서 며칠을 울고불고 난리를 치고, 직장을 쉬고, 심리 상담까지 받는다니 있을 수 없는 일이죠. 나이 먹을 대로 먹은 성인으로서 올바른 처신인지, 눈총을 받을 뿐이죠.

반려동물을 상실한 후 이런 경험을 한 적이 있거나 혹

은 노령의 반려동물을 키우며 막연한 두려움을 느끼는 반려인이라면 이 책은 더할 나위 없는 지침이 될 것입니다. 반려동물을 가족의 한 구성원으로 받아들여 생애 중요한 사건들을 함께한 후 그들을 영원히 떠나보냈다면 그 상실감과 충격은 상상하기 어려울 정도입니다. 전 생애를 함께한 존재가 사람인가 아닌가는 문제가 되지 않습니다. 그럼에도 불구하고 단지 '사람'이 아니었다는 이유로 주위로부터 아무런 이해나 지지를 받지 못한 채, 혹은 반려인 당사자도 그 충격과 상심을 외면하고 아무 일 없었다는 듯이 성급하게 일상으로 복귀하는 것만이 주요 관심사가 돼 버립니다. 세상은 그 소중했던 존재와의 특별한 유대를 우리의 감정, 사고와 관계없이 될 수 있는 한 빨리 일상이나 기억에서 없애도록 독촉하고 그 요구에 순응하기도 하죠.

저자는 이러한 몰이해적이고 둔감한 세상을 비판하며, 모든 슬픔과 근심으로부터의 회피가 행복이라고 외치는 현대의 미디어로부터 스스로를 지키도록 권유합니다. 저자에 따르면 현대를 사는 대부분의 사람들은 모두 어느 정도 이러한 '트렌드'를 의식 혹은 무의식중에 무비판적으로 수용하며 살고 있습니다. 행복이란 언제나 즐겁고

유쾌한 기분을 유지하는 것으로, 이것을 방해하는 건 무엇이든 필사적으로 피해야 하며 그 대표적인 게 '죽음'이라는 괴물이라는 것이죠. 그러나 죽음에 대해 제대로 배우지 못한 채 경험하는 반려동물과의 생생한 이별은, 그 어떤 무심함과 외면으로도 극복할 수 없음을 우리는 깨닫게 됩니다. 단순한 자책이나 감수성의 문제가 아닌, 무엇과도 바꿀 수 없으며 경험하지 못했던—가족에게서 조차도—헌신적이며 충실하고 진심밖에 보여주지 않았던 여러분의 천진난만한 반려동물들과의 교감은, 그 무엇과도 대신할 수 없습니다. 그 모든 세상의 둔감함과 거짓 속에서도 살아남아 여러분에게 메아리치기 때문입니다.

저자는 생명이라면 누구라도 피할 수 없는 죽음에 무방비한 상태로 놓인 채 자연과 순리로부터 소외된 삶을 살다가 결국 반려동물의 웰다잉을 준비하지 못하는 현대인의 비극을 사례를 통해 보여줍니다. 죽음을 인정하고 받아들일 때 우리는 존엄하며 품위 있는 죽음을 준비할 수 있을 뿐 아니라, 삶이 한정되어 있고 이 한정된 삶을 어떻게 살아야 할지 진지하게 고민할 수 있습니다. 반려동물의 헌신적이고 변함없는 사랑은 반려인들에게 진정한 사랑과 살아가는 법을 가르쳐 줍니다.

반려동물 상실로 인한 충격과 슬픔은 대부분의 반려인들에게 있어 감당하기 어려운 것으로, 그 죽음이 예상됐었는지 갑작스러웠는지 와는 크게 관계가 없습니다. 본서에서는 그로 인한 우울증과 관련하여 우울증의 정도, 기간 및 대처를 비교적 상세하게 기술하고 있습니다. 특히 우울증을 겪을 때 일상을 새롭게 계획해서 실천할 것을 권유하는데, 매우 유익한 조언입니다. 운동을 꾸준히 하고 있었거나, 규칙적이고 건강하게 일과를 짜서 지내고 있던 사람이라면 우울증을 겪을 동안에도 몸에 배인 좋은 습관이 큰 도움이 됩니다. 저도 상담 현장에서 내담자에게 구체적인 일상의 계획과 실천을 통해 정상적인 일상으로의 복귀를 준비하고 여러 괴로운 생각들을 분산하도록 조언하는데, 우울이나 외상 후 충격 등으로 고통 받는 내담자들에게 많은 효과가 있었습니다.

　모든 우울이나 외상 후 스트레스 등의 정신적 병리로 고통 받는 사람들에게 있어 가장 중요한 것은 인내심입니다. 저자는 우울증이 마치 감기를 하룻밤 앓고 다음 날 아무 일 없었다는 듯이 일어날 수 있는, 그런 가벼운 증상이 아님을 주지시킵니다. 증상은 나아지는 듯이 보이다가도 후퇴하고, 때와 장소를 가리지 않는 감정적 발산이 있을 수도 있습니다. 이런 롤러코스터와 같은 감정 변화를 인내심 있게 견뎌내는 건 매우 가치 있는 일입니다. 우리를 성장시키고 새로운 눈으로 인생을 맞이하게 해주죠.

반려동물 천만 시대를 사는 오늘, 한두 마리 반려동물을 키우는 가정을 우리는 흔히 봅니다. 그리고 한 번 혹은 그 이상의 반려동물 죽음을 경험하기도 했을 것입니다. 저는 이 작은 책이 전해주는 교훈이 여러분에게 큰 유익이 되리라 믿어 의심치 않습니다. 단순히 '짐승'이 아니라, 가족의 단 하나뿐인 특별한 일원이었던 반려동물의 삶과 죽음, 반려인을 향한 무한한 신뢰를 통해 깨닫는 사랑, 헌신, 삶의 의미 그리고 진정한 가족이란 무엇인지 말이죠.

옮긴이 **이 지 애**

미국 메릴랜드대학교 심리학과를 졸업한 후 임상심리사와 전문번역가로 일하고 있다. 『고결한 여인』을 번역했으며 『대한민국 행복지도』에 공동 역자로 참여했다. 열세 살 된 고양이를 키우고 있고 영드 보기가 취미다.

# 반려동물을 잃은 반려인을 위한 안내서

2017년 5월 28일 초판 1쇄 펴냄
2018년 11월 19일 초판 2쇄 펴냄
2020년 10월 15일 초판 3쇄 펴냄

**지은이** 켄 돌란-델 베치오·낸시 색스턴-로페즈 | **옮긴이** 이지애 | **펴낸이** 김재범
**편집장** 김형욱 | **편집** 강민영 | **관리** 강초민, 홍희표 | **디자인** 나루기획
**인쇄·제본** 굿에그커뮤니케이션 | **종이** 한솔PNS

**펴낸곳** (주)아시아 | **출판등록** 2006년 1월 27일 | **등록번호** 제406-2006-000004호
**전화** 02-821-5055 | **팩스** 02-821-5057
**주소** 경기도 파주시 회동길 445(서울 사무소: 서울시 동작구 서달로 161-1 3층)
**이메일** bookasia@hanmail.net | **홈페이지** www.bookasia.org
**페이스북** www.facebook.com/asiapublishers

**ISBN** 979-11-5662-311-3 03180

*값은 뒤표지에 표시되어 있습니다.

이 도서의 국립중앙도서관 출판예정도서목록(CIP)은 서지정보유통지원시스템 홈페이지(http://seoji.nl.go.kr)와 국가자료공동목록시스템(http://www.nl.go.kr/kolisnet)에서 이용하실 수 있습니다.(CIP제어번호 : CIP2017009204)